理性對話 × 言傳身教 × 培養教育

探索現代育兒的情感和挑戰，重新定義親子關係中的理解與期望！

當懂愛的父母

告訴孩子如何獨立成長

言行以身作則、學會尊重理解、培養責任耐心……

在信任與自立中找到親子教育的和諧之道！

最深刻而溫馨的家庭教育指南
讓所有父母在愛的道路上引領孩子成長！

詹惠元，葛房芳 著

目錄

序

　　十多年前，我開始探索孩子的教育，我開拓了一家又一家幼稚園，說實話，對於教育本身而言，我的感受是複雜的。多年來看到很多父母因為不懂正確的教育理念和教育方法，導致孩子形成錯誤的人生觀和價值觀，從而步入歧途或碌碌無為，我很心痛。

　　在夜深人靜時思索著應為當代的家庭教育做些什麼。因此，我決定四處求學，探索出一條可以走得很遠的家庭教育之道。我先後去過許多城市，就這樣我遇見了我的導師 —— 詹惠元。用苦苦尋覓來形容我對他的學識的求索絕不為過。他對教育事業擁有崇高的信念與理想，他一年舉辦上百場家庭教育公益講座，還擔任著教育部職業核心能力教師教學法的教學工作，在教學上有豐富的實戰經驗。有這樣一句話，叫「人有善願，天必佑之」，在他的幫助下，我的探索之路走得特別踏實。這本書就是我和我的導師共同完成的。這本書不僅有我多年來對幼兒教育的經驗總結，更有大量典型的家庭案例分析是來自於詹惠元老師的智慧分享，我們深信這本書能幫助很多迷茫中的家長走出困境。

　　詹老師說「往往家庭教育的事故發生來自父母的心不夠安靜，錯失了點化孩子的最佳時機，忽略了幫助孩子建立起強大內心世界的關鍵節點，甚至因語言暴力直接毀滅了孩子的精神世界。」所以我認為父母都需要「冷靜的愛」。冷靜的愛，包括你要關注孩子的感受，反省自己的錯誤，克制自己的貪欲，尊重孩子的行為，耐心地付出，和孩子一起學習和成長，最終陪伴孩子成為他們自己想成為的、父母認可的、社會尊重和需要的人；三者缺一，孩子未來都不會幸福。

葛房芳

第一章

孩子，我拿什麼愛你

身為父母，最悲哀的事情是什麼？
是當你的孩子慢慢長大，他遇到各種問題，
而你卻無能為力。
往往孩子越大，你就越不知所措。
我們愛孩子，但是我們不懂如何去愛孩子。
打罵不等於教育，同理，貪欲也不等於愛。
愛，也是需要策略的。

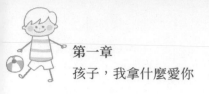

01.
孩子，為了你，我成了虎媽鷹爸

2015 年，一部《虎媽貓爸》爆紅，引起了許多家長的共鳴，也引發了我深深的思考，該電視劇主角「虎媽」勝男的經歷，正是許多父母的寫照。

「虎媽」這個詞非常具體：那些媽媽們為了孩子，變得凶悍、獨斷，用激進的方式去教育孩子，還有和虎媽一樣的「鷹爸」，虎媽、鷹爸崇尚的是「不讓孩子輸在起跑線上」，最怕「耽誤了孩子」。

為了自己的孩子能夠比得上別人的孩子，為了孩子能夠一直保持優秀，用盡渾身解數，嚴格要求孩子的虎媽、鷹爸還真不少。

但是，孩子是一個複雜的、動態的、有著自己想法的生命體，即使變身虎媽、鷹爸，也有解決不了的問題，甚至會促使新的問題產生。然而，不成為所謂的虎媽、鷹爸，又能怎麼樣呢？

你是否在教育孩子時，時常感到無力和茫然？

是什麼時候發現對孩子的教誨出現偏差的？

是什麼時候發現孩子不服管教，甚至開始頂嘴的？

是什麼時候發現不知道怎麼去愛孩子的？

是什麼時候發現孩子跟你不親的？

是什麼時候發現你已經對孩子的內心捉摸不透了？

是什麼時候發現你對孩子的教育和管教已經沒有把握了？

虎媽鷹爸究竟是不是家長的目標？

我常常感嘆：現在的孩子太辛苦了。

試想一下，即使是身為父母的我們，現在工作中用到的知識和技能，

有多少是來自於小學的國語、數學，來自於國中的生物、化學，來自於高中的物理、歷史？在未來，社會需要的知識相當程度上和現在是不一樣的。未來世界需要的人才，也絕不是填鴨式教育培養出來的只知道悶頭讀書、考高分的孩子。那麼，孩子讀書的目的究竟是什麼？家長在逼迫孩子讀書時，是否思考過這個問題？

　　學習數學的目的，絕不是讓孩子考個高分就完了，而是讓孩子在學習數學的過程中學會嚴謹、學會世界的規律、學會理性和邏輯。學習國語的目的，也不是讓孩子能夠寫出高分作文，而是讓孩子學會感性，學會表達自我，學會了解和觀察周圍的世界。常常有家長問我：未來孩子所在的那個競爭的世界和時代，什麼能力是最重要的？我的答案只有一個：幸福的能力，面對問題、解決問題、最終獲得幸福的能力！

　　另外，父母往往很關心孩子的生理健康，關注孩子的身體發育是否正常、營養是否均衡，卻忽視了和生理一樣重要的心理。曾經有個孩子的爸爸，在孩子幾歲的時候，和孩子媽媽吵架，沒有控制好情緒，就開始摔摔打打，發出很大的聲響，甚至把孩子喜歡的玩具也一起砸了，當時這個孩子嚇壞了。

　　爸爸事後很後悔，再也沒有摔過東西。但是後來這個孩子長大了，他的爸爸媽媽才發現他沒有辦法控制自己的情緒，只要一生氣，就會摔東西。有什麼摔什麼，有時摔手機，有時摔電視、電腦，急了還掀桌子。他沒有辦法控制自己的行為，而他最早開始摔東西，就是從他小時候他爸爸當著他的面摔東西開始的。我們是否想過，自己的行為會給孩子的心理造成什麼樣的影響？是否會影響孩子長大以後成為一個快樂的人？

　　虎媽、鷹爸可以解決孩子的不服從問題，但是不能解決子女和父母之間的感情問題。

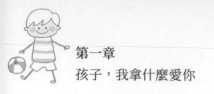
　　虎媽、鷹爸可以解決孩子的生理問題，但是不能解決孩子的心理問題。

　　虎媽、鷹爸可以解決孩子的學習問題，但是無法助益孩子的未來。

　　虎媽、鷹爸，要解決的不僅僅是孩子的課業成績和健康問題，還要教會孩子如何去創造幸福和未來。

　　我能做的（方法方向）：擁有一顆為了孩子的成長願意改變自己的心，怎麼改變是我要繼續思考和探索的課題！

02.
孩子，為了你，我的世界裡多了 7 個煩惱

在某次課程結束後，我和一位面帶憂愁的家長進行了深度溝通，他問了我一個非常難的問題：「詹老師，我兒子現在已經 28 歲了，接近而立之年，按理說不該再讓我操心了。但是我對他非常失望。他性格不好，工作也不順，身為父母我也不知道該怎麼辦。兒子從小到大的所有事我能做的就做，能幫的就幫，沒想到這孩子長大了，還是什麼事都需要我操心，到現在也沒有結婚，談了很多女朋友也都沒有結果。我每天就為了這個事情發愁。」

這位家長對我說：他感覺現在和兒子的距離非常遠，這個「大」孩子現在很孤僻，每天很晚才回家，有什麼事情都不和自己說，每天悶悶不樂的。

我對這位憂慮的家長說，有六個字可以形容他現在的狀態：提不起，放不下。

在當今這個時代，父母的心中可謂煩惱多多，難以理解的是，這些煩惱往往是因為對孩子的愛而引起的。

我到底在擔心孩子什麼？

我擔心的這些我能解決嗎？

假如孩子按我說的做，我是否就不再擔心了？

我知道擔心不一定有用，但我為什麼放不下？

■ 煩惱 1：孩子，為了你的讀書條件，我豁出去了（煩惱落在學業上）

當你學業好的時候，擔心你能不能把好成績保持下去，擔心自己不能給你最好的讀書條件；當你學業成績不夠好時，我的煩惱就更多、更嚴重了，有時擔心你不如別的孩子聰明，有時擔心你會被我「耽誤」，有時擔

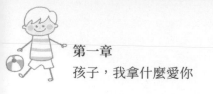

心你會「輸在起跑線」上，甚至經常擔心你學業不好，以後可怎麼辦！

家長對孩子學業、智力的煩惱憂心，是不分孩子的年齡的。

即使孩子只有三四歲，家長也會天天擔心：擔心孩子在幼兒園學到的知識夠不夠，比起別的孩子表現如何，按照現在的情況以後能不能上重點小學。

這種擔心在我看來是可以理解的，卻沒必要。

■ 煩惱 2：孩子，因為愛你，我的世界裡幾乎都是你（煩惱落在情感上）

父母和孩子的情感溝通，往往要經歷 3 個階段：一開始是你看他玩，在孩子很小的時候，還不懂得和別人交流，他沉浸在自己的世界裡，父母只能看著他玩，在這個階段，他的世界就是你的世界；後來是你陪他玩，孩子開始形成自我意識，並對外界產生了強烈的興趣，他非常需要父母的陪伴，需要父母陪自己去發現這個世界，在這個階段，你的世界就是他的世界，你們一起玩，一起探索，這個階段孩子和父母的感情是最牢固的；最後一個階段，是你隨他玩，孩子長大了，不再需要你，你只能隨他玩，他有自己的世界。

在前兩個階段，父母和孩子的感情不斷加深、升溫，終生的信任在這時建立，未來的相處模式也在這個時候固定。

身為父母，如果一開始錯過了看他玩的階段，後來又錯過了陪他玩、陪他一起長大的階段，到了只能隨他玩的階段，就已經沒辦法走進他的內心，沒辦法走進他的情感世界了，隔閡也就產生了。

很多父母和自己的孩子，正是有著這樣的隔閡。

■ 煩惱 3：孩子，你知道我有多在乎你的營養和健康嗎？（煩惱落在健康上）

父母的第三個煩惱，是對孩子營養和健康的擔心。

營養上的煩惱：父母總是擔心孩子營養不良，所以變著花樣地做好吃的給孩子，並給孩子補充各種可能對孩子來說毫無必要的補品。

還有的家長怕孩子餓著，讓孩子每天上學時帶各種水果和零食。

健康上的煩惱：只要孩子不在自己眼前，就擔心孩子會出事；一颳風就擔心孩子會被風吹著，一變天就擔心孩子會著涼；如果孩子此時在學校上學，那家長們的擔憂就更厲害了。所以有的父母會每天讓孩子多帶個小包，包裡放著多餘的衣服和雨傘等物品。

■ 煩惱 4：孩子，只要你認真學習，錢的問題我解決！（煩惱落在金錢上）

父母的第四個煩惱，就是家庭財務狀況的煩惱。有時候，孩子在學校裡會相互比較，這些孩子的父母也會比較。

孩子比較的是花錢，是父母為其買的「裝備」，是吃穿用度；父母的比較，往往是為了讓孩子不輸給別人，有時還要打腫臉充胖子。

但是由於很多家庭財力有限，這些比較無形中增加了家庭的負擔。很多時候，孩子的要求是父母無力滿足的。

這時父母就陷入了這樣的煩惱：到底是傾盡全家的力量，把所有的資源都用在孩子身上，還是量力而行，適當地委屈孩子？有的家長跟我說，他也不想買給孩子，不想助長孩子的比較心和炫耀心，但是聽孩子說班上的小朋友都有了，就擔心如果自己的孩子沒有，會不會受委屈。

不要小看對孩子財務認知的教育，不富裕的家庭打腫臉充胖子實在不可取，對孩子的有求必應，會使孩子變得以自我為中心，認為自己的要求就應該得到滿足。

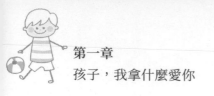

有的富裕家庭更是如此，曾經有家長跟我取經，說現在家庭條件不錯，所以孩子要什麼都買，從小孩子吃的、用的、玩的都是最好的，結果孩子現在就會亂花錢，也不好好讀書，反正家裡有錢，他認為用錢什麼都能解決，沒必要好好讀書。

▌煩惱5：孩子，為了你，爸爸媽媽盡力了，我們只有這水準（煩惱落在進步上）

前段時間，一位家長找我尋求幫助。當我說起孩子的 IQ、EQ，這些現在流行的「Q」時，他非常困惑地對我說：「詹老師，你說的這些 Q 我都不知道。這麼多年，我只知道一個 QQ。」

我問：「什麼 Q？」

他說：「CQ。」

我又問：「什麼是 CQ？」

他說：「創傷啊，創傷的縮寫就是 CQ！我小的時候受到了太多創傷，這麼多年我就是被現實摧殘過來的，所以，我不想我的孩子再受到摧殘。但是現在知識發展太快了，他的學業我根本輔導不了，有時他跟我講的東西，我都聽不懂，他也就不跟我溝通了。現在的孩子是越來越聰明，有時反而把我耍得團團轉。」

這是很多家長都有的煩惱，尤其隨著孩子的年齡越來越大，他的世界也越來越精彩，有時他的世界太新穎了，我們不懂。而家長的教育方式還是老樣子：老牛拉破車，一輩傳一輩，自己教育的方式是從自己爸爸那兒繼承過來的，現在根本不實用了。

這種煩惱，叫做家長「個人成長」的煩惱。你的孩子一直在成長，一直在接受最新的教育，但是家長的成長跟不上孩子的成長。

煩惱 6：孩子，為了教育你，我跟你爸爸（媽媽）都吵膩了（煩惱落在夫妻關係上）

夫妻之間的關係是整個家庭關係的核心。一個家庭最重要的關係首先是夫妻關係，其次才是親子關係。

但很多家庭在有了孩子之後，常常是孩子處於第一位，配偶被放在第二位。

為了孩子，一切都要靠邊站，親子關係凌駕於夫妻關係。

如果一個家庭中的親子關係凌駕於夫妻關係，那麼首先夫妻中的一方會感覺自己是不被重視的，覺得在這個家裡找不到自己的位置，繼而產生失落感。

一個人在家裡找不到自己的位置，就有可能去外界尋找。

久而久之，夫妻間的問題就產生了。

還有一個問題是，夫妻倆的教育理念不同，教育方式也不同，父母雙方持有不同的教育觀念，最後為了孩子爭吵不斷。這樣的爭吵，在很多家庭幾乎每天都在發生。

大到孩子對未來的選擇，孩子應該上哪所學校，孩子該上什麼補習班。小到孩子應不應該把飯菜吃完，應不應該自己做家務。

為了孩子的問題，爸爸媽媽都吵膩了。

煩惱 7：孩子，只要你願意，我可以放下一切來陪伴你成長（煩惱落在工作上）

我在看《虎媽貓爸》的時候，對女主角的行為是既理解又反對。理解她的一片愛女之情，卻反對她把所有的心思都放在孩子身上，以致忽視了自己的丈夫，也漠視了自己的工作。

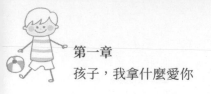
其中有幾個情節，都是女主角在工作的緊要關頭因為孩子而忽視了工作。

比如說，女主角在進行一個重要的工作專案時，客戶、老闆都來了，她因為擔心孩子（其實那個時候孩子是沒有事情的），放下工作，立刻回家看孩子去。

電視劇裡的女主角是典型的「母雞孵蛋」型的母親，這種媽媽把孩子看得死死的，孩子一時不在自己眼前，動態一時不被自己掌握，就立刻發怒，拋下一切工作去顧孩子，恨不得拿根繩子把孩子綁在身上。

這種教育方式真的好嗎？

我看未必。這種教育方式首先造成了你在工作上的失衡—把精力都放在孩子身上了，你還能留多少時間和精力給工作？

如果工作不順心，反過來又會加重你的壓力，使你在工作和家庭之間疲於周旋，不堪重負。

這種教育方式造成的結果可以用 8 個字概括：疲於工作、疲於生活。

孩子，為了你的健康成長，我能做什麼？

■ 在你的學習問題上，我把心態放平（解決學習煩惱）

其實我們根本不必擔心孩子成績好不好的問題，成績，一方面看天賦，一方面看學習習慣。成績好只能說明孩子有學習天賦，學習習慣也正確。

大多數孩子的聰明程度是差不多的，所以決定他們成績差異的，本質上還是學習習慣的差異性。

家長如果能夠在孩子上二三年級之前，就把孩子的基本學習素養和良好的學習習慣培養出來，那麼好成績其實是水到渠成的事情。

不必強求自己的孩子一定要考第一、當狀元。「狀元」這個詞很好

聽，但是它早就失去了其原有的意義。

古代的狀元是為皇帝工作，如果你的孩子課業特別好，就可能成為受很多人尊重的人。

但是現在呢？現在的狀元步入社會後，還是要為老闆工作，而老闆往往根本就不是狀元。培養孩子的習慣、素養、綜合能力，在我看來，遠比考第一、當狀元重要。

▌我要成為讓你尊敬和嚮往的父母，再走進你的內心（解決情感溝通的煩惱）

很多父母非常煩惱：為什麼我沒有辦法走進孩子的內心？為什麼孩子不願意和我進行情感溝通？

當你煩惱的時候，孩子會站在你的對面，他很清楚地知道你的煩惱，清楚你想親近他，但是他不會給你這個機會。因為孩子已經不再信任你，甚至有的孩子會利用你的愛和信任來傷害你。

如果孩了不給你機會，你該怎麼辦？

唯一可以幫助他，也幫助你的方法就是：提升你自己，完成你身為家長的 72 變，成長為合格的、優秀的，能夠引導他、帶領他的父母，成長為讓他尊敬和嚮往的父母。

只有你成長了，孩子才會給你和他溝通的機會，才會給你走進他世界的機會。

▌從今天起，我要你學會為自己的健康負責（解決健康煩惱）

當我們給孩子的「營養」太多時，並不會給孩子帶來更多好處，反而會讓孩子在這些「營養」裡膩死。

對於父母的這種「過度關愛」，我是持反對態度的。關心孩子沒有

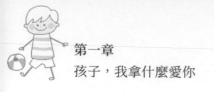
錯，但是父母是不是應該讓孩子學會獨立、學會對自己負責任？

如果擔心變天、下雨，我們可以提醒孩子：今天可能要颱風，你是不是該多帶件衣服？透過培養孩子的獨立性，讓孩子學會照顧自己。

如果孩子真的很容易餓，我們可以讓孩子帶一種水果，餓的時候吃。

總之，父母要學會適當放手，讓孩子學著為自己的健康負責。

■ 孩子，讓我們來談談我們的家庭財務狀況（解決財務認知的煩惱）

如何解決家庭財務狀況的煩惱？

首先要讓孩子了解到家庭財務的真實情況。

不富裕的家庭，對孩子要實話實說。如果家裡不寬裕，那麼就應該讓孩子知道這一點，同時讓他知道，雖然家裡不富裕，但是會盡量滿足他的基本要求；如果有滿足不到的地方，也不能勉強。告訴孩子家裡的真實情況，也能夠讓孩子從小知道賺錢不容易，父母不容易，這樣反而能夠增強孩子的責任心。

當別的孩子都在攀比花銷的時候，也許你的孩子反而在這個過程中增強了責任心和榮譽心。要讓孩子懂得勤勞樸素，知道為家裡著想，這些都是孩子能做到的。

當孩子有了責任心和榮譽心，你讓他攀比，他都會覺得那種行為很幼稚。他也會羨慕其他孩子的優越條件，但是他會因此而更加努力。

現在的家庭條件比以前好多了，但是仍然有相對來說的「寒門」，那麼，為什麼現在人們都說「寒門難出貴子」？因為現在的家長太溺愛孩子了。寒門，本身是鍛鍊孩子的良好環境，但很多家長不想委屈孩子，不想讓孩子感受到自己在寒門，於是想盡辦法滿足孩子的願望，不僅讓家庭背上了包袱，還失去了鍛鍊孩子的機會。

　　如果你愛自己的孩子，應該從孩子小時候開始，把整個家庭的包袱分一小部分給他，讓他慢慢適應承擔責任，這樣他長大了步入社會後，面對社會要求的責任時，才能更好地背負起來。

　　對於富裕的家庭也是如此，不能一味地溺愛孩子，要適時地對孩子說「不」，並和孩子經常溝通，告訴他為什麼不能滿足他的所有願望。即使住富裕家庭，也不要助長孩子的虛榮心，不要讓孩子覺得錢財來得很容易。

　　掌握財務認知上的平衡：和虛榮心一樣可怕的是匱乏感。

　　有這樣一種父母，非常怕教育出不懂人間疾苦、不懂理財、不懂珍惜父母勞動成果的孩子，所以每給孩子花一分錢，買一樣玩具和零食的時候，都要反覆教育孩子錢財來之不易，要珍惜，爸爸媽媽賺錢是多麼不易……

　　這樣的教育多了，帶給孩子的是「匱乏感」。

　　什麼是匱乏感？

　　永遠都覺得不夠，永遠都覺得缺少，永遠都覺得自己很窮，甚至永遠覺得自己不配擁有好的東西。

　　匱乏感與家境無關，即使很富有的家庭，如果父母的教育方式不當，孩子也可能產生很強烈的匱乏感。

　　這種匱乏感，是孩子失去快樂能力的開始。

　　我認識一位企業家，他是窮苦人家出身，好不容易打拚出了自己的事業和家庭，他對孩子非常疼愛，但是這種疼愛是帶著條件的。

　　他願意提供最好的物質條件給孩子，去一趟香港能幫孩子買好幾身上千元的衣服，但是每給孩子一樣東西，他都會唸叨這個東西多少錢，賺錢是多麼不容易，反覆提醒孩子要體諒父母。

　　漸漸地，他發現孩子越來越不開心，買給他的新衣服他也不願意穿；孩子以前很喜歡畫畫，他買了昂貴的進口顏料給孩子，孩子卻再也不畫了。

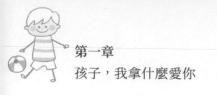
　　我和這個孩子談了很久，發現這個孩子有非常嚴重的匱乏感和愧疚心。他說：「我不想要那些。我覺得我們買不起。」

　　原來父母買顏料給他時，也在不斷唸叨上述那些「經文」，時間長了，孩子便不願意再碰那些他覺得父母根本買不起的東西了。

　　這就是匱乏感。如果一個孩子怎麼都覺得自己家非常窮，每享受一樣東西就覺得是欠了父母的，那麼這個孩子可能幸福地成長、享受生活嗎？

■ 孩子，我要和你一起成長（解決成長煩惱）

　　孩子一直在成長，如果家長不學習不成長，那麼當然就跟不上孩子的步伐了。

　　家長想要成長，可以從看書開始，而最好的途徑是向你身邊最出色、最會教育孩子的家長學習。

■ 孩子，我會努力經營自己的婚姻，不只為了你，更為了我自己（解決婚姻煩惱）

　　從現在起，把夫妻關係作為家庭關係中的核心關係。

　　孩子，雖然你很重要，但是你並不是宇宙的中心，也不應該是家庭的唯一核心。

　　爸爸媽媽的和諧關係，才應該是更重要的。和諧的家庭，本身就是最好的教育環境。

　　我們努力經營自己的婚姻，是讓自己和孩子享受家庭幸福的唯一有效途徑。

　　孩子，從現在起，爸爸媽媽將盡力減少吵架，尤其是因為你的教育問題而引發的吵架。我們會統一原則，按照原則行事，「依法治家」，而不是隨心所欲地發洩自己的想法，不斷爭吵。

■ 孩子，你是我生活的重心，但不是我生活的全部（解決工作煩惱）

如果把孩子作為生活的全部，我們的工作和家庭就會不平衡。

掌握家庭和工作之間的平衡是一種技術。

我的祕訣是：第一，在工作時間，不想家庭。可以在工作的空檔、午餐時間、出差時分，打電話給家裡。在正式的工作時間，不要惦記家裡的事情，要一心一意地工作。

第二，回到家裡，不管工作。只要白天努力工作過了，回到家裡，立刻把工作放下。不管有多煩惱的事情，如果不是急事，那就留待明天的工作時間去解決。

享受工作，享受生活，才應該是我們生活的常態。

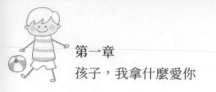

愛也要策略：為什麼我的愛會使孩子迷失？

我們用什麼去愛孩子？是用我們的智慧、我們的財富，還是我們全部的能力？

其實，我們對孩子最原始、最樸素的愛和責任就有無限的力量。生活中，我們常常會看到一些再普通不過的父母教育出了傑出的孩子。也許這些平凡的父母沒有很高的社會地位，沒有傑出的事業，沒有多少金錢，也沒有淵博的學識，但是他們就靠著那些最簡單、最純樸的東西：對生活的熱愛，以及自己身上堅韌不拔的精神，用自己的行動去感化孩子，最終教出了傑出的孩子。

我透過調研和訪談總結出，家長一共有 8 種類型，其中 4 種類型使孩子正在迷失。

■ 第1型：母雞孵蛋型 ──「我愛你，我要包辦你的一切」

這一類家長在現今社會占的比重最多，因為愛孩子，所以把一切都替孩子做了，他們的口頭禪常常是：「你就管好你的學業，其他你什麼都不用管。」「放著讓爸爸媽媽來。」

這一類家長對孩子出現問題時的反應特別快，可謂是孩子最衷心的下屬、最勤快的上司。

包辦一切常常使孩子的適應能力和自理能力特別差。母雞孵蛋型父母，也是所有父母類型中最喜歡指責自己的孩子是「忘恩負義」的父母，因為他們的付出實在太多，所以他們也是所有父母中最容易感覺到「付出多、收穫少」的。當他們覺得自己的收穫匹配不上自己的付出時，就會轉

而指責孩子「忘恩負義」、「沒良心」、「白疼你了」。

做母雞孵蛋型父母的孩子會非常累，但有的父母說：我都替他做了，他什麼都不用管，怎麼會累？

在成長中，孩子透過自己做事情能夠獲得成就感和自信心，當父母剝奪了孩子的這個機會時，孩子就會時時刻刻感覺到自己是沒有價值的（價值感不是源於你是誰，而是取決於你做了什麼）。

孩子成長中的一切雖都是由父母帶著的，但是父母不可能包辦孩子一輩子。當孩子長大後，失去了父母的包辦時，他們就會變得無所適從。

■ 第 2 型：君臨天下型 ——「你得聽爸爸媽媽的」

這種類型的家長特別獨裁，什麼事都是自己管。「凡事都要聽我的」，如果孩子不聽話，要麼吼，要麼打，要麼施以面壁之類的懲罰。

君臨天下型的父母不給孩子任何的獨立權利，也不允許孩子擁有自己的意志，孩子怎麼可能不迷失？

身為君臨天下型的父母的孩子，往往缺乏耐性和自控力，因為從小到大都是在父母的控制下長大，當沒有人控制他們時，他們就會變得不知所措。

■ 第 3 型：野馬奔騰型 ——「我太忙了，你先自己去學習、去玩」

這種家長對孩子基本屬於放養，因為自己的工作太忙了，根本顧不上孩子。要麼開會，要麼見客戶，要麼整理檔案，孩子基本上就不怎麼管。

孩子沒有方向，自然會迷失。

■ 第 4 型：心血來潮型 ——「想起來我就管一管，想不起來就算了」

這種家長往往不夠敏感細心，對孩子的教育也缺乏系統性的規劃，心血來潮的時候就管一管孩子，因孩子犯錯使自己沒面子的時候也會管一管

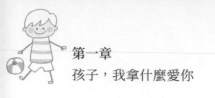
孩子，想不起來的時候就任孩子隨便成長。心血來潮型的家長在願意教育孩子的時候，往往會表現得很用心、很專業。但是這種認真的教育持續不了多長時間，當他們覺得教育孩子麻煩時就會採取「就這樣吧」的隨意態度，而錯過教育的最佳時機。

家長給予孩子的方向是不穩定的，時有時無，孩子迷失也是意料之中的事情。

如果你是這4種類型之一，你就要警惕了：如果你愛孩子的方向是錯誤的，那麼你的愛就是在耽誤孩子。

愛孩子也需要策略。首先要從「迷失型父母」轉變為「優質型父母」。

什麼樣的父母才是優質型父母？優質型父母也有4種類型。

■ 第1型：以身作則型 ——「孩子，我就是你的榜樣」

在事業上表現卓越的父母常常是這種類型。這種父母非常重視以身作則，讓自己的實際行動成為孩子的榜樣。

作為以身作則型父母的孩子往往很幸福，因為在這種父母身上，你找不到「苛求」這種行為，他們自己做不到的事情，就不會去要求孩子。

我把這種父母叫做「行為教育家」，他們是用自己的行為去影響自己的孩子。

■ 第2型：順藤摸瓜型 ——「具體問題，具體分析」

這種類型的父母也被我稱為「智慧教育家」，他們在孩子的教育問題上非常喜歡動腦，對孩子的每一個問題都能夠做到具體問題具體分析，順藤摸瓜地教育孩子。

這一類型的父母往往能夠找到每個問題的根源，然後制定專業的、具體的措施去逐步解決，他們本身非常懂教育。

這種父母是能夠在關鍵時刻，給出關鍵觀點，做出關鍵行為的父母。表面上看，這種父母顯得比較隨性，讓孩子自由地成長，其實每個關鍵時刻，他們都在發揮作用。

■ 第 3 型：親密朋友型 ——「我們是平等的，我還是你的好朋友」

親密朋友型的父母，在年輕的 1980 年代出生的父母中所占比重非常大。這類父母大都接受過良好的教育，相比老一輩，他們的觀念更開放，更懂得教育孩子，也更願意和孩子平等相處。

親密朋友型的父母相比其他類型，會更理解孩子的行為，更了解孩子的心事，更能夠和孩子一起成長。擁有這種類型的父母無疑是幸福的。

■ 第 1 型：良師益友型 「我是你最好的老師，也是你最好的朋友」

良師益友型的父母是每個孩子的理想！良師益友型的父母是孩子最好的老師，他們能夠像順藤摸瓜型父母那樣，引導孩子解決每個問題，走上正確的道路；也能夠像親密朋友型父母那樣，聆聽和理解孩子的心事，成為孩子成長道路上最好的朋友。

■ 愛也需要策略：從迷失型父母到優質型父母的變身

沒有人天生就是完美的，為人父母也是一門需要學習、思考，在不斷的反思中進步的學問。

意識到自己盲目的愛會導致孩子迷失這一事實，是幫助爸爸媽媽們從迷失型父母變身為優質型父母的第一步。

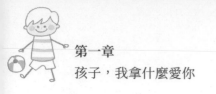
04.
貪欲不等於愛：父母的欲望讓孩子身心俱疲

親愛的爸爸媽媽們，你們是否有這樣的症狀：

認為自己都是為了孩子好，所以孩子應該 100% 地聽自己的話。

即使心裡明白成績不代表一切，但是發現自己孩子不如別的孩子聰明、學業好，馬上就會感到不愉快。

嘴上說愛孩子，但是在孩子的快樂和外人的眼光之間，往往還是會選擇外人的眼光。

如果孩子的行為不受自己的控制，馬上就會感到焦慮。

要知道，這些都是父母的欲望啊！

父母的愛面子、愛錢、愛地位、愛逞能、愛控制等一系列欲望，讓孩子身心俱疲。

■ 父母的欲望 1：愛面子

因為父母愛面子，使得很多孩子在父母的控制下長大。

不得不承認，我們每個人都生活在別人的眼光之中，和別人比較，受別人的評判，受成功標準的桎梏，受普世價值的影響。

我們常常用別人的眼光、別人的標準去評價自己，評價自己是否成功；在養育孩子這件事上，我們也在用別人的眼光、別人的標準去評價我們的孩子。

如果孩子沒有達到別人的標準，我們就認為孩子讓我們丟掉了面子。

如果孩子沒有比鄰居家的小孩考得更好，我們就認為孩子讓我們丟了面子。

　　如果孩子沒有同事的孩子有才藝，我們就認為孩子讓我們丟了面子。

　　如果孩子沒有像親戚的孩子那樣熱情、大方、有禮貌、人見人誇，我們就認為孩子讓我們丟了面子！

　　當我們說「要給孩子最好的物質」，是真的認為孩子確實需要「最好的」物質，還是出於炫耀心和比較心而選擇了最好的物質？

　　父母愛面子，所以生怕自己的孩子不如別的孩子因而讓自己丟臉。於是很多父母爭相給孩子報補習班（為了成績不輸給別的孩子）和才藝班（為了才藝不輸給別的孩子），還有的父母會給學校贊助，幫助孩子選擇朋友，讓孩子在小小年紀就出於功利的目的交朋友！

　　父母的愛面子，剝奪了孩子童年的幸福和快樂。

　　一次我在講課的時候，有一位媽媽問我：「老師，我的女兒太好勝了怎麼辦？」

　　我說：「好勝是好事啊。多少媽媽希望自己的孩子好勝還無法如願呢。」

　　這位媽媽說：「我的女兒太好勝，我擔心她太好勝，會像我一樣，未來婚姻不幸福。」

　　這句話背後至少隱藏了 3 個問題：

1. 好勝心的問題。孩子好勝，有的是因為自己本身的好勝心特別強，但好勝心只要用對地方，是沒什麼壞處的。

2. 安全感的問題。很多孩子之所以好勝，其實是因為缺乏安全感，太害怕失敗。說明在孩子的成長過程中，父母對孩子沒有進行好的挫折教育。

3. 父母虛榮心強、父母好勝的問題。從這位媽媽的訴說中，就能展現出來，很多大人喜歡以自己的感覺和標準去評判孩子，去推測孩子的未來。

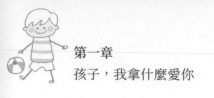
　　一個孩子好勝，其實是好事。只要你引導得好，只要你把孩子好勝的地方領對方向，其實問題不大。

　　沒有誰天生就好勝。而且很多孩子的好勝，其實是父母逼出來的。

　　比如這位問我孩子好勝怎麼辦的媽媽，在和我溝通的過程中，她不斷地對我炫耀她的孩子有多麼好，她很得意地說：「哎呀，我這孩子就是太好勝了！國語經常考 98 分，數學經常考 100 分，考一次 99 分都不行！而且我家孩子還多才多藝，既想練主持，又想學舞蹈，還想學唱歌。哎呀！太好勝了！」

　　講著講著，這位媽媽的臉上竟然流露出因為孩子好勝而產生的自豪的神情。

　　這位媽媽也許沒有覺察到自己的心理狀態，她嘴上說擔心孩子好勝，擔心孩子未來的婚姻，心裡卻因為孩子好勝而特別驕傲。

　　所以，很多時候，不是孩子好勝不好勝的問題，而是孩子父母的虛榮心可不可以少一些的問題。

■ 父母的欲望 2：愛錢

　　在孩子小的時候，很多父母都會買昂貴的輔食、買最貴的奶粉、買進口的嬰兒車給孩子……美其名曰，孩子需要最好的。

　　孩子真的需要最好的嗎？還是父母需要孩子使用最好的，來滿足自己的願望呢？我們小的時候，物質沒有現在豐富，以致很多父母在對孩子的養育問題上，常常會有一種補償心理，想把最貴的東西買給孩子。

　　只要最好的、最貴的東西，其實就是愛錢的表現！這是一種對金錢的無上認可，認為只有價錢高的，才能匹配自己養孩子的標準。

父母充分意識到金錢的價值和可貴，所以在孩子的問題上，他們都想要教育出「未來最成功的孩子」。

如果你問及什麼是成功，很多父母會說「有自己的事業」；如果你進一步問他們：那麼孩子有自己的事業，但是賺的錢不多，可以嗎？

他們馬上會斬釘截鐵地說：「那可不行。沒錢怎麼行呢？」

所以，所謂「有自己的事業」，不過是幌子。很多父母都想要教育出未來能賺大錢的孩子。

如果孩子顯示不出賺錢的天分（比如學習好以後就能找份好工作、善於管錢以後可以理財、孩子的愛好也是可以賺錢的），家長就會感到焦慮。

如果孩子的愛好不符合家長的期望，家長也會感到焦慮。

父母這種愛錢的行為，其實是剝奪了孩子的夢想。

▓ 父母的欲望 3：愛控制

「你不能這樣！」

「你必須聽爸爸媽媽的話！」

「這不行，那也不行！」

「你為什麼就不能按照爸爸媽媽的想法去做呢？」

這樣的話很多孩子每天都會聽到好多遍，他們一直生活在父母的控制之下。父母愛控制，使得孩子沒有了自由成長的空間，每天被父母的管教壓得喘不過氣來。

有個 14 歲的女孩。女孩的媽媽是物理老師，所以她經常跟自己的孩子說：「妳一定要把物理學好！妳如果不把物理學好，讓我怎麼在學校待

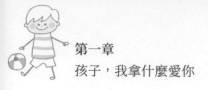
下去？別人會說，一個物理老師連自己的女兒都教不好。妳看看別的學生，都巴不得讓我多教教他，可是妳呢？我是巴不得妳問我！」

當孩子不聽話的時候，這位媽媽就採取非常嚴厲的說教方法，有的時候甚至會對孩子動手。

這導致她和女兒之間的關係非常僵。

這位媽媽參加了我的一個為期 3 天的教育班，在聽完一天我的課程之後，她就決定，一定要逼著自己的孩子也來聽課。

她採取的方式是，如果孩子不來，第一，打孩子；第二，剝奪孩子對貓的撫養權。

因為這個女孩有一隻小貓，她很愛那隻貓。所以受了媽媽的脅迫，女兒就非常不情願地來聽課了。

我在講課的時候，注意到她始終用充滿仇恨的眼神看著我，那個眼神，就好像我欠了她兩百萬一樣。

我特別驚訝：我做錯什麼了嗎？為什麼這個孩子這麼仇恨地看著我？

課間休息的時候，女孩媽媽就叫我：「詹老師，請您來和我的孩子聊兩句吧。」

我只好在孩子仇恨的目光下，硬著頭皮走過去。

這個女孩看我坐在她旁邊，就把頭別過去，看也不看我。

我問孩子：「怎麼了？為什麼這麼不開心？」

她不說話，然後孩子媽媽也不說話，把所有的事情都交給了我。

我看到她們都不說話，只能繼續說：「昨天你媽媽來聽了我的課，可能她覺得這個課對你有幫助，所以今天帶你也來了？看看有沒有什麼我可以幫助你的？」

這個女孩非常傲氣地說：「我沒有什麼需要你幫助的！」

我感到很尷尬，僵持了一會兒，我想我需要一個突破口。

這個突破口，就是我的共情能力，我要讓孩子感覺到，我是理解她的。於是我轉而跟孩子媽媽說：「一看就知道她不是主動來的，肯定是妳耽誤孩子的休息時間了吧。孩子學習壓力那麼大，妳還非讓孩子在放假時間過來聽課。」

孩子媽媽說：「是的。她不願意來，是我逼著她來的，她不來我就收回小貓的撫養權。」

我說：「我要是知道這個情況，就不會答應妳讓妳帶女兒來。妳昨天一天的課程真是白學了，怎麼能這樣對待孩子呢？」

這時在一邊聽我們倆說話的女孩竟然哭了，說：「我媽就是不講理，她非逼著我來。」

我就道歉說：「對不起，對不起，都是我的問題。但是貓的撫養權是怎麼回事？」

我和女孩聊了一會兒小貓，女孩告訴我，她媽媽說了，如果期末考試進不了前十名，就把小貓扔了。

於是我說：「怎麼能這樣呢？這樣吧，我來幫助妳，既然我們有緣分見面，那我來幫助妳解決這個問題。我有辦法，讓妳無論期末考試能不能考進前十名，都讓妳擁有貓的撫養權。」

這時女孩看著我，沒有表態。我說：「我先和妳媽媽溝通一下。」

我經過和孩子媽媽的溝通，了解到這個孩子每天的學習時間都是 4 ～ 5 個小時。我表示這個學習時間太長了。

我對孩子的媽媽說：「能不能讓我做決定？」

孩子媽媽說：「可以，您全權安排。」

於是我制定了兩條措施：

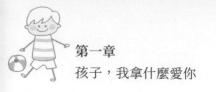

第一條，孩子每天回家，就學習兩個小時。在這兩個小時中，她要全神貫注地學習，不能玩手機，也不能翻冰箱找吃的。

我問孩子：「你能不能做到學習的時候全神貫注，不分心，也不去和小貓玩？」

孩子說：「能做到。」

第二條，孩子每天早晨，要晨讀 45 分鐘，這 45 分鐘，第一要專心，第二要大聲。

孩子也表示能做到。

然後我對孩子媽媽說：「如果孩子把這兩條做到了，期末考試不管考多少分，都不能拿回貓的撫養權。」

孩子媽媽欣然同意了。於是我們當場簽字畫押，達成了三方共識。

我感覺這個孩子立刻就開心了。

當然啦！現在期末考試已經結束了，我了解到這個孩子的成績非常好。

而且這個孩子在參加我的 21 天訓練營時，表現出了驚人的領導能力。

雖然她才 14 歲，但是她在訓練營中，表現出了體諒別人的感受、滿足別人的需求的能力。

現在這個孩子和她媽媽的關係也非常好，她很驕傲地告訴我，在她參加我的 21 天訓練營的時間裡，由她媽媽和她的姑姑共同照顧她的貓。

我對孩子媽媽還說過一件事：千萬不要對孩子說「我還不如妳養的那隻貓」。

孩子愛貓，說明她有愛的能力。當媽媽看到孩子熱愛小生命時，就要和她一起去照顧那個小生命，孩子會因此更愛妳，把妳當成她重要的小夥伴。

　　愛孩子，就是進入孩子的童年，和她一起做她最喜歡的那件事。

　　如果讓身為父母的你，現在說說你的孩子的缺點，你能說出多少？

　　內向、膽小、就知道玩、數學不好、自私、沒禮貌、喜歡撒謊、不知道心疼爸爸媽媽、遲鈍……

　　恨不得寫滿一頁紙。

　　那麼請你們回憶下自己小時候的缺點，再想下現在自己身上的缺點，你們會怎麼說？

　　我們往往會給自己辯護：有缺點是正常的、人無完人、這些不是缺點，只是我的特點。

　　看看，這就是雙重標準！

　　當孩子有缺點時，我們往往急於改造，急於用我們的權威控制孩子，卻不願意付出耐心和觀察，不願意給予溫和與智慧的引導。

　　父母的愛控制，剝奪了孩子獨立自主的能力。

　　我們覺得自己給予了孩子愛，其實是在用自己的貪欲控制孩子。

　　貪欲並不等於愛，也不能讓孩子幸福快樂地成長，甚至會阻礙孩子實現自己的夢想，成為自立自強的人。

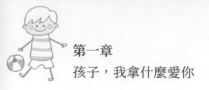

05.

為什麼孩子不像以前那麼聽話了？

為什麼孩子不像以前那麼聽話了？

在開始回答這個問題之前，我想先和大家分享作家龍應臺的一篇散文 ──〈目送〉。

華安上小學第一天，我和他手牽著手，穿過好幾條街，到維多利亞小學。九月初，家家戶戶院子裡的蘋果和梨樹都綴滿了拳頭大小的果子，枝丫因為負重而沉沉下垂，越出了樹籬，勾到過路行人的頭髮。

很多很多的孩子，在操場上等候上課的第一聲鈴響。小小的手，圈在爸爸的、媽媽的手心裡，怯怯的眼神，打量著周遭。他們是幼稚園的畢業生，但是他們還不知道一個定律：一件事情的畢業，永遠是另一件事情的開啟。

鈴聲一響，頓時人影錯雜，奔往不同方向，但是在那麼多穿梭紛亂的人群裡，我無比清楚地看著自己孩子的背影 ── 就好像在一百個嬰兒同時哭聲大作時，你仍舊能夠準確聽出自己那一個的位置。華安揹著一個五顏六色的書包往前走，但是他不斷地回頭；好像穿越一條無邊無際的時空長河，他的視線和我凝望的眼光隔空交會。

我看著他瘦小的背影消失在門裡。

十六歲，他到美國作交換生一年。我送他到機場。告別時，照例擁抱，我的頭只能貼到他的胸口，好像抱住了長頸鹿的腳。他很明顯地在勉強忍受母親的深情。

他在長長的行列裡，等候護照檢驗；我就站在外面，用眼睛跟著他的背影一寸一寸往前挪。終於輪到他，在海關視窗停留片刻，然後拿回護照，閃入一扇門，倏乎不見。

　　我一直在等候，等候他消失前的回頭一瞥。但是他沒有，一次都沒有。

　　現在他二十一歲，上的大學，正好是我教課的大學。但即使是同路，他也不願搭我的車。即使同車，他戴上耳機 —— 只有一個人能聽的音樂，是一扇緊閉的門。有時他在對街等候公車，我從高樓的視窗往下看：一個高高瘦瘦的青年，眼睛望向灰色的海；我只能想像，他的內在世界和我的一樣波濤深邃，但是，我進不去。一會兒公車來了，擋住了他的身影。車子開走，一條空蕩蕩的街，只立著一隻郵筒。

　　我慢慢地、慢慢地了解到，所謂父女母子一場，只不過意味著，你和他的緣分就是今生今世不斷地在目送他的背影漸行漸遠。你站立在小路的這一端，看著他逐漸消失在小路轉彎的地方，而且，他用背影默默告訴你：不必追。

　　這篇文章寫得深情雋永，帶著為人父母的愛和惆悵：「我一直在等候，等候他消失前的回頭一瞥。但是他沒有，一次都沒有。」

　　這不是孩子成年後，父母和孩子的真實寫照嗎？當孩子長大後，父母開始期盼孩子回頭，期盼孩子從他自己的世界出來，多分一些關注、時間和空間給父母。

　　但是「所謂父女母子一場，只不過意味著，你和他的緣分就是今生今世不斷地在目送他的背影漸行漸遠。你站立在小路的這一端，看著他逐漸消失在小路轉彎的地方，而且，他用背影默默告訴你：不必追。」

　　這段話，使無數為人父母、為人子女者，潸然淚下。無論是身為父母，還是身為子女，我們都不可能陪伴他們走完整個人生。

　　孩子是你的，但也不是你的。一開始是你抱著孩子走，而後是你領著孩子走，再之後，是孩子和你並排走。

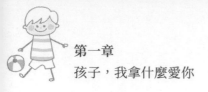
　　但是總有一天，是孩子獨自走，而你只能看著他的背影。

　　是什麼時候開始，孩子不像小時候那麼聽話了？

　　是什麼時候開始，他在你說話的時候心不在焉了？

　　是什麼時候開始，他對你的教導不以為然了？

　　是什麼時候開始，他和你對抗，甚至甩門而去？

　　你一定很失落，也一定非常疑惑：為什麼會變成這樣？為什麼我這麼愛孩子，他卻接收不到？

　　我想，當你的孩子開始出現這些行為時，你一定很傷心。

　　但我要對你說：恭喜你，你的孩子長大了。

　　如果你的孩子一直像小時候那樣對你言聽計從，任何時候都不會違抗你的意願，說明他沒有自己的意願，也沒有反抗的意識，心智還停留在幼兒階段，他還沒有準備好離開你。

　　當孩子開始不像小時候那麼聽話時，說明他正在變得獨立。

　　如果你希望未來你的孩子能夠獨立、自信、堅強、勇敢，能夠在這個世界上憑藉自己的力量快樂地生活，那麼一定不要阻礙他成長。

　　孩子小的時候，即使父母的教育方式是錯誤的，教育理念是錯誤的，他也會因為幼小而聽從父母的。但是當孩子長大，有了獨立思考的能力，就會看到父母的錯誤，並加以反抗。

　　孩子往往越大就越討厭媽媽嘮叨，孩子反抗的其實並不是父母本身，而是父母錯誤的教育方式和落後的教育思想。

　　在孩子成長過程中，「不再聽父母的話」、「反抗父母」是一個非常正常、必不可少的階段。

　　身為父母，我們會因為孩子不再聽話、叛逆而感到失落，但是也應該為此高興，並打起精神，和孩子一起面對他成長中的這個時期。

也要面對自己的這個時期：當孩子不再像小時候那樣聽話，你能夠適應嗎？當孩子開始反抗你的錯誤，你能夠誠懇、冷靜地面對自己的錯誤，並加以改正嗎？

如果你的回答是「是」，那麼現在一切還來得及。

沒有錯誤的孩子，只有錯誤的教育。

我常常說，沒有錯誤的孩子，只有錯誤的教育。在這裡我想分享一個故事。

有個小男孩，今年 12 歲。

他參加了我去年的訓練營，讓我留下了非常深刻的印象。

這個孩子屬於那種特別調皮的孩子。例如，他會含一口唾沫，像機關槍一樣吐到身邊所有人的身上。

在中午休息的時候，別的孩子躺著睡覺，他會站到別的孩子肩膀旁，在他們身上跨來跨去。

當他和別人說話時，如果對方有一句話沒有說到他心坎裡，或者跟他起爭執了，他會用手掐住別人的脖子大喊大叫。

在訓練營當中，這個孩子表現出來的就是：絕不配合。

不管老師和教官怎麼說，他都一定反著來：你讓我稍息我就立正，你讓我立正我就稍息；你讓我向左，我就故意向右。當老師批評他時，他又故意露出可憐的表情，但是絕不會改。像這樣的孩子，已經沒有辦法透過簡單的溝通來解決他的問題了。

他時常激怒老師。誰都拿他沒辦法。

但是我始終用充滿耐性的態度對待他，和他溝通，就這樣在訓練營中度過了 7 天，到了第 7 天，我注意到他的態度稍稍有了改變。

難以想像，我竟然把這樣一個 12 歲的孩子，像個小嬰兒那樣抱在懷

裡，讓他坐到我的腿上。

當我目不轉睛地、認真地、平和地看著他的時候，他偶爾也會看看我，我就對他說：「你是整個訓練營中，我最關注，甚至是最喜歡的孩子，因為我知道，如果我幫到你，就能幫到很多人，我也知道，你有的時候很自卑，不敢看老師。我知道你也想改變，但是過去已經累積下來的那種感覺、那種習慣，想改變很難。你有時不是故意的，只是不知不覺又犯了老毛病。」

這個時候，他竟然認真地看了我好長時間。

於是我跟他說：「接下來，我們慢慢改好不好？就先從立正開始。好嗎？」他同意了。

然後我們做了一個小小的儀式。

我和他一起，把他的習慣寫在一張紙上：左邊寫好習慣，右邊寫壞習慣。然後從中間撕開。

他把寫有好習慣的那張紙放到了自己的口袋裡。

我們在一棵樹的下面，挖了一個小小的坑。我讓他把寫有壞習慣的紙條放進坑裡，然後用土埋了。

我對他說：「過去那些壞習慣已經被埋葬了，過去爸爸媽媽不喜歡的語言和行為，也被埋葬了；以前老師批評的那些行為，也被埋葬了。以前我們批評的，不是你這個人，而是你過去的那些壞習慣。現在它們被埋葬了，我們重新開始好不好？」

在後來的訓練中，這個孩子表現出了驚人的毅力，去改變自己的行為。到訓練營結束時，他簡直脫胎換骨，我給了他一塊小小的金牌，叫最具成長力獎，他把這個獎牌戴在了身上。直到訓練結束以後很多天，他身上都帶著這塊獎牌。這說明很多時候，我們眼中的壞孩子，其實是非常珍惜榮譽的。

之所以他們會一直表現得很壞很壞，是父母以前給他們的肯定太少了！

我後來了解到，這個孩子小時候，一旦犯錯，爸爸媽媽的解決方法就是打。一開始是爸爸媽媽打，爸爸媽媽不在的時候爺爺奶奶打，爺爺奶奶不在的時候姑姑和姑父打。所以，他是一個被暴力侵犯的孩子，在他的內心世界，自己就是一個「小惡棍」。

而我透過讓這個孩子在內心世界改變自己的形象，因而使他整個行為都改變了。

所以說，很多孩子看起來是壞孩子，其實是父母的教育方式出了問題，一步一步把他變成了壞孩子。

只要父母能夠意識到自己的錯誤，先改變自己的行為，認真、耐心、積極地面對孩子，就什麼都能改變。

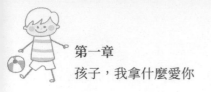

06.

我們可以給予孩子生命，但是無法給予思想

說實話，每一個傷害孩子的父母，過去，都曾經是一個受傷的孩子。但我們習慣用自己受傷的經驗，去教育我們的孩子。

我在親子課堂上這樣說的時候，我旁邊的一個小女孩小聲地說：「所以我媽媽經常打我。」

她的媽媽沒有聽到這句話，而我聽到了。

其實孩子已經有了獨立思考的意識，他們已經能夠像大人一樣去思考，去說話，但是大人還茫然不知。當我們意識不到孩子在人格上和我們平等時，說明我們還不是合格的父母。當我們意識不到我們應該用商量的語氣和孩子溝通，而不是命令孩子成為我們想要的樣子時，說明我們還不懂什麼是教育。

我們的傳統觀念是：孩子是我的；孩子就應該聽我的話。

這種想法是錯誤的！孩子不是你的，孩子也不是「就應該聽你的話」。

孩子是你的嗎？

孩子從離開母體的那一刻開始，就是個獨立的人，即使再小的孩子，即使需要父母的幫助、撫育、呵護和教導，但他在人格上也是完全獨立的。

紀伯倫（Jubran Khalil Jubran）有一首詩〈論孩子〉（*On Children*），摘錄如下：

> 你的兒女，其實不是你的兒女。
> 他們是生命對於自身渴望而誕生的孩子。

他們借助你來這世界，卻非因你而來，

他們在你身旁，卻並不屬於你。

你可以給予他們的是你的愛，卻不是你的想法。

因為他們有自己的思想。

你可以庇護的是他們的身體，卻不是他們的靈魂，

因為他們的靈魂屬於明天，屬於你做夢也無法到達的明天。

你可以拚盡全力，變得像他們一樣，

卻不要讓他們變得和你一樣。

因為生命不會後退，也不在過去停留。

你是弓，兒女是從你那裡射出的箭，

弓箭手望著未來之路上的箭靶，

他用盡力氣將你拉開，使他的箭射得又快又遠。

懷著快樂的心情，在弓箭手的手中彎曲吧，

因為他愛一路飛翔的箭，也愛無比穩定的弓。

他的身體只屬於他自己；他的靈魂也只屬於他自己。

孩子不是屬於父母的。孩子只是暫時居住在父母的家裡，由父母撫育長大，但是永遠不要忘記，時時刻刻，孩子都有自己獨立的靈魂，獨立的人格。

孩子不是我們的私有財產。

很多爸爸媽媽把孩子當成自己的私有財產，對待孩子只有愛，沒有尊重。比如說，你是否給了他們足夠的空間？是否允許他們有自己的隱私和自由意志？他們是否可以自由處置自己的財產（比如玩具，他們可以自己決定送誰或扔掉）？當你對他們的行為不能理解時，你是否會要求他們順從你的意志？

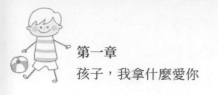

這些問題能衡量你對孩子有多尊重。

尊重孩子，意味著要把孩子當成一個獨立的人去尊重。但很多父母常常不懂尊重孩子。我常常聽到有父母說：

「你有什麼是我不能知道的？」

—— 這是不尊重孩子的隱私權。

「我不讓你和她玩，你就不能和她玩！」

—— 這是不尊重孩子的交友權。

「我不讓你做什麼，你就不能做什麼！」

—— 這是不尊重孩子的民主權。

「你有什麼不是我給你買的，我憑什麼不能處置？」

—— 這是不尊重孩子的財產權。

「你都是我生的，沒有我就沒有你！你憑什麼不聽我的話？」

—— 這句話最為嚴重，不尊重孩子身為一個獨立人的人權。

當父母很輕易地說「你都是我生的，我要你怎麼樣就得怎麼樣」時，不僅是不尊重孩子，此時此刻，父母甚至沒有把孩子當成一個人，而是將其當作自己的私有財產去看待。

有個孩子對我說，她非常愛她的媽媽，她也知道媽媽很愛她，但是 ——「她不尊重我的隱私權。在她面前我沒有任何祕密。她一定要知道令我開心、不開心的每件事，甚至偷偷翻我的日記。我發現以後和她吵了起來。她對我喊『妳都是我生的，妳有什麼是我不能知道的！』」

這個孩子說：「我非常愛我的媽媽，但是那一刻，她在我的眼裡是個魔鬼。」

魔鬼，多麼可怕的詞！

「魔鬼」竟然和「媽媽」並排在了一起！

當父母不懂尊重孩子時，愛和仇恨就會同時在孩子心裡滋長。父母永遠不會明白，這種對父母愛恨交加的情感對孩子來說，是多大的煎熬。

我們可以給予孩子生命，但是無法給予他們思想。

孩子有自己的思想，他不需要任何人給予。

父母有責任引領孩子認識環境，認識社會，學習知識，學習規則，學習愛，和孩子一起交流思想。

但是這種學習和交流不應該是簡單的「我說你聽」，而應是彼此交流，互相講道理。

家長尊重孩子，首先要從尊重他的想法開始，人和人的相處都是以互相尊重為前提的，尤其是父母和子女之間，更需要這種尊重來維繫雙方的關係。

爸爸媽媽的無奈：孩子，我該拿什麼愛你？

爸爸媽媽用金錢去愛你，提供給你最好的物質和學習條件，關心你的成長和健康，也關心你的能力、你的愛好、你的特長，但只有金錢是遠遠不夠的。只有金錢並不能帶給你真正的快樂，也不能讓你成長為社會所需要的人。

爸爸媽媽用情感去愛你，呵護你、保護你、關心你，給你營造最溫暖的家，但只有情感也是遠遠不夠的。情感的愛，不能讓你成為懂事的孩子，正所謂慈母多敗兒，過多的呵護，會讓你失去自主能力。

爸爸媽媽用時間去愛你，陪伴你，甚至忽視了爸爸媽媽彼此之間的情

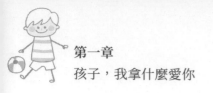
感，忽視了對工作的付出，但只有時間也是不夠的。如果愛不夠冷靜理智，再多的時間也只是愛的浪費。

爸爸媽媽從金錢、情感、時間、身體、學習、心情、愛好等各個方面來愛你，為什麼你還是不聽話、不懂事、不成器？

孩子，我該拿什麼愛你？

我的答案是：用愛、用智慧、用時間和方法去愛孩子。

有個媽媽對我說，她非常愛她的兒子，但是她和老公同樣站在孩子面前（老公還站在她後面），在她張開手等著孩子來抱自己的時候，孩子卻跑過去，繞過媽媽去抱爸爸。

這個媽媽問我：為什麼？

其實是因為，在她的孩子心裡，「爸爸更懂我」、「爸爸和我是一夥的」。

只有當你真正去了解、去認同你的孩子的時候，他才會把你看成和他是「一夥」的。

我們用愛，但應該是冷靜的愛。

我們給予孩子的愛，常常太盲目了。我們以為愛孩子就是從孩子的身體上去呵護他，從金錢上去滿足他，各個方面的事務我們都幫孩子打理好，但是這種愛是盲目的，這種愛和動物的愛沒有什麼區別。

從今天起，我們給予孩子的，應該是冷靜的愛。這愛之中，有思考、有方法、有科學、有責任，是我們全部智慧的結晶。唯一沒有的，就是我們的貪欲。

我們用智慧，應該是飽含情感的智慧。

什麼是有情感的智慧？

「已識乾坤大，猶憐草木青。」

　　我們已經見識了世界的廣袤，了解了世界的規律，對人生有了自己的體悟，對社會執行的規律有了自己的見解，這是我們的智慧。

　　將智慧沉澱下來，並且用愛把這種智慧帶給孩子，去憐愛我們的孩子，憐愛他的聰明，也憐愛他的愚蠢，憐愛他的年輕，也憐愛他的幼稚。這才是飽含情感的智慧。

　　我們用耐心，時間是我們的耐心。

　　我們能給予孩子最好的東西是什麼？

　　是耐心。

　　耐心地教導孩子，耐心地和孩子一起長大，耐心地寬容孩子的缺點，耐心地看待孩子和其他孩子的不同。

　　什麼樣的父母才能培養出傑出的孩子？

　　西元 2014 年我要去某地授課，接我的司機因為臨時有事，我就自己叫了一輛計程車。

　　我在上車後，和司機簡單地聊了幾句，結果讓我受用終身。司機問我是做什麼工作的。

　　我說：「我是一名老師。」

　　他又問：「那你教什麼課？」

　　我說：「很多課，我今天要講的是家庭教育課。」他說：「家庭教育啊！那有很多地方要向你請教。」

　　於是我們聊起了他的孩子。聊的內容真讓我非常吃驚，他有兩個孩子，大的在美國讀博士，享有美國政府給予的津貼，一個月接近 4,000 美元；小的在西安的一所軍校，畢業後直接就是中尉軍銜。

　　我問他是怎麼教育出這麼優秀的孩子的。

　　他說，他以前是個藥廠的工人，現在退休了就弄了一輛車開。

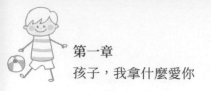
開始我以為他的學歷很高，結果他告訴我他只是初中畢業，孩子媽媽也沒讀什麼書。從小到大，他們沒有讓孩子花錢補過一堂課。如果孩子放假時想玩，他們完全尊重孩子的意願，從來不會阻止，不會逼著孩子在週末讀書。但是從週一到週五，在上課時間，孩子非常認真。

更厲害的是他培養孩子理財的方法 —— 他鼓勵孩子自己管理自己的零用錢，如果孩子想要什麼東西，他就讓孩子在紙上寫下來，並說明有什麼用處，自己準備如何去運用。

只要孩子寫得有道理，不管他們手頭多麼緊張，都會買給孩子。到目前為止，孩子寫過的紙條裝了兩大盒。

這兩個孩子買的東西，從沒有浪費過，每一樣都物盡其用。

同時他們還培養孩子的孝心，週末帶著孩子去雙方父母家裡，讓孩子給祖父母按摩、洗腳、剪指甲，回家後還要寫週記，寫感受。

於是這兩個孩子養成了自主學習、自我管理、管理金錢、孝順祖父母等重要的行為習慣。

所以，不是只有高學歷的父母才能教育出傑出的孩子。

只要父母懂家庭教育，培養出來的孩子照樣很優秀。

寫到這裡我突然想起了一句話：王侯將相寧有種乎？只緣家庭教育之不同。

07.
寶貝，對不起

　　很多人持有一個奇怪的觀點，甚至我們從小到大接觸的很多觀點都是這樣的：透過養育一個孩子，就能成為合格的父母。

　　這是不對的。成為合格的父母，往往要走很長的路，在這條路上父母往往是矛盾的：一方面希望孩子快點成長，快點成熟，能夠獨立；另一方面卻不信任、不尊重孩子，認為孩子始終是孩子，現在行為有問題，以後進了社會就更糟糕。

　　父母常常以成年人的標準來要求孩子，但是又常常用孩子的標準去看待孩子。在教育子女方面，父母又何嘗不是持著孩子的態度呢？

　　不許哭，不許發脾氣，不許交壞朋友，不許撒謊，不許不聽話，不許違反紀律，不許和別人不一樣……

　　這些「不許」，往往貫穿了父母教育孩子的全部過程。

　　太多爸爸媽媽對孩子所謂的教育，只是一個「不許」跟著「不許」，一個「聽話」跟著一個「聽話」。

　　「不許」還有一個變化形式，那就是「不行。」

　　「我想去 A 大學，不是 B 大學。」

　　「不行。」

　　「我想看完電視再讀書。」

　　「不行。」

　　「今天是星期日。為什麼不行？」

　　「不行就是不行！我數到三，你把電視機關上，回到你的房間去讀書。」

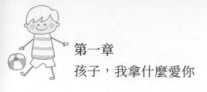

「我想學藝術，不想學理科。」

「不行。」

「我能不去這個才藝班嗎？」

「不行。」

「那我可以換個才藝班嗎？比如街舞。」

「不行。誰家的孩子學那個？」

在我成長的那個年代，常常聽到的話是「小孩就像樹一樣，必須由大人不斷矯正，不然會長歪；必須由大人不斷修整，不然長不高。」

幾乎每個孩子都在被大人不斷地限制、改造，不斷地被矯正和修整各種行為，但是孩子長大以後，不照樣是百花齊放、千姿百態嗎？

幸福的孩子並沒有變得更多，犯罪率也沒有變得更少，儘管幾乎每個孩子都經過了父母的悉心教導，但還是有很多孩子在長大後成了平庸而不快樂的人。

為什麼人長大後會變得平庸？因為沒有發揮出自己的長處。每個人都有自己的長處，只要發揮得當，變成社會意義上的「出色」的人並不是一件很難的事情。

為什麼有些人長大後會變得不快樂？往往是在他們童年時，就失去了快樂的能力。

如果父母對孩子的教育，既沒有幫助孩子發掘、發揮、專注於自己的長處，也沒有幫助孩子養成快樂的習慣和心態，那麼這種教育無疑是失敗的。

身為爸爸媽媽，我們是不是該反思下自己的教育？

我們本不應該對孩子進行過多的限制和干擾，因為孩子本來可以自主成長，父母只需要給個大致的方向，並在孩子迷茫的時候伸出援手。

限制一個生命的自由成長是件非常可悲的事情。

學會了解你的孩子。有的人說孩子就是孩子，尤其是 3 歲以前的孩子，只要學著教育他就可以了，根本不需要費心思去了解他。

但是假如你在孩子很小的時候，在他需求最為簡單、表達感情最為直接的幼兒階段都不了解他，又如何在他長大以後需求變得更複雜、不再輕易表達感情時了解他？

如果你沒有在孩子小的時候陪伴他面對快樂悲傷，了解他的心事，了解他生命中的每件小事對他的影響，當孩子長大以後，你又如何和他相處得親密無間？

有一個孩子，在小學一年級的時候，就有了偷媽媽的錢去買零食的行為。爸爸媽媽採取的教育方式，就是打孩子。每次發現孩子偷錢，爸爸媽媽都會使勁地打孩子，還讓他跪在地上寫保證書。

但這個孩子偷錢的習慣並未改掉。

有一天，孩子的媽媽發現口袋裡的 50 塊錢不見了。在多年以前，50 塊錢可不是個小數目。家裡只有媽媽、孩子和爸爸。

首先這個錢肯定不是爸爸偷的，那除了孩子還有誰呢？

於是這位媽媽就把這件事告訴了孩子爸爸，爸爸追問孩子錢去哪兒了。

孩子說他沒拿。

於是這位爸爸在外面撿了一根棍子就開始抽打孩子，一邊打一邊問：

「到底是不是你拿的？」

最後棍子都打歪了，孩子還是說沒拿錢。

這時候爸爸媽媽更生氣了，明明之前錢還在，一轉眼的功夫就不見了，不是他拿的是誰拿的？

媽媽氣得大聲喊：「難道這錢自己長腳了嗎？」

然後這位媽媽也上來踢孩子屁股，開始和爸爸一起打孩子。孩子見狀只能哭著說：「是我拿的。我錯了，別打了！」

結果孩子「承認」是自己拿了錢以後，爸爸媽媽更生氣了，打得更狠了：「就知道是你拿的。為什麼一開始你不承認？為什麼非要爸爸媽媽打你你才承認？」

就這樣，兩個大人打一個小孩，打了足足半個小時。這個孩子心中充滿了委屈。

一個小時後，媽媽才發現：原來錢沒有丟，自己的衣服口袋破了，錢從口袋的破洞掉進了衣服的縫隙裡。

但是父母對這個孩子造成的傷害，已經無法挽回了。

多年過去了，這個孩子成了一名詐騙犯。

雖然他詐騙的金額不大，15萬元，但對一個農民家庭來說，這是個需要整個家庭辛苦很多年才能還清的數字。

有多少父母和故事中的父母一樣，不相信自己的孩子？

有多少父母，沒辦法控制自己的情緒和行為，對孩子造成了傷害？

有多少父母，在誤會了孩子、對不起孩子之後，不跟孩子道歉？

有多少父母，從來不知道反省自己的行為？

父母對孩子的影響是不可估量的。當孩子長大之後，我們再想好好教育他，再想彌補他小時候我們犯的錯誤，再想和孩子說對不起，已經來不及了。

寶貝，對不起。

在我的教育課程中，很多家長往往課上到一半，就開始對自己的孩子升起愧疚之心。因為這時他們才意識到自己的錯誤，意識到如果能早點改正自己的教育方式，也許孩子現在的情況會好很多。

孩子的很多問題其實都是家長的問題。孩子不優秀、不聰明、不聽話，相當程度上也是家長不懂教育造成的。

身為爸爸媽媽，如果能夠在孩子青春期以前，上學以前，3 歲以前，甚至更早，就開始反思自己的教育是不是成功的，自己的教育到底哪裡出了問題，那麼和孩子共同成長的道路是不是會順利很多？

有一個媽媽，她有 3 個孩子，最小的女兒只有 4 歲。這位媽媽對自己的小女兒管得比較嚴，當孩子不聽話，比如不按時吃飯的時候，就會打她。

每次媽媽打完孩子，孩子就會沉默，不和媽媽說話，最長的一次，一個星期都沒有和媽媽說話。

她媽媽想不明白：一個 4 歲的孩子為什麼會這麼決絕？

當這位媽媽聽了我的課程之後，她才知道打孩子是多麼不應該犯的錯。

於是她回去，把孩子叫到跟前，認真地對孩子說：「寶貝，媽媽其實想向妳道個歉。媽媽錯了，媽媽不應該因為妳不吃飯就打妳，媽媽知道妳這幾天心情不好。所以媽媽想跟妳說對不起，也不知道妳能不能原諒媽媽。」

當媽媽把話說完，你知道這個 4 歲的孩子說了什麼嗎？

她認真地說：「媽媽，哪怕妳打我一萬次，我也會原諒妳，因為我知道妳是愛我的。」

一個 4 歲的孩子能夠說出這樣的話，這背後展現了什麼？

我們很多時候，輕視了自己的孩子。雖然他們還是孩子，但是他們有時不只是個孩子。他們雖然很多事情還是依賴你，但是他們有自己獨立的人格和尊嚴，以及感知父母內心世界的能力。

所以當父母改變自己的時候，孩子就能發生更大的改變。父母進步一寸，孩子能進步一尺。

第二章
媽媽，妳拿什麼來愛我

我們拿什麼去愛孩子？

媽媽要做的，是重拾對孩子的耐心，同時認真面對自己的內心，去克制自己的缺陷，在孩子的成長過程中，重新學會尊重孩子，學會放手。

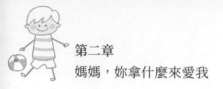

媽媽，妳還可以像我小時候那樣有耐心嗎？

妳是不是也是這樣的媽媽 ——

當孩子想對妳說什麼時，妳常常認為已經知道他要說什麼了，於是就不耐煩地打斷他；

當孩子在講他遇到的問題時，妳不等他自己找到答案就迫不及待地告訴他妳的答案；

當孩子犯了錯，妳沒有耐心去傾聽他犯錯的原因，也懶得跟他講道理，往往只會說一句「我說過什麼？」然後單方面地等待孩子認錯，自己改正。

……

天啊，我們的耐心去哪裡了？

當我們說「愛」的時候，我們應該用什麼去愛？

難道不是我們的愛心和耐心嗎？

■ 媽媽，妳還能像我小時候那麼有耐心嗎？

我發現，所有的父母，在孩子嬰幼兒時期，都是非常有耐心的，為了教孩子學一句話，可以重複幾千遍；當孩子做錯事情時，也不會怪他，而是耐心地幫助他改正；孩子說的每一句話，即使是我們完全聽不懂的話，也會耐心地聽，甚至和孩子雞同鴨講地聊天。

孩子小的時候，我們對他們是多麼有耐心啊。回想在孩子嬰幼兒時期，我們是如何對他們的？我們對他們的每個需求都認真回應，對他們的一舉一動都保持極大關注。孩子皺著眉、哭了、揮動小手，都能吸引我們的注意力。

　　但是隨著孩子不斷長大，隨著我們的工作越來越忙，生活負擔越來越重，我們的耐心也在逐漸消失。

■ 媽媽，還能認真傾聽我說的話嗎？

　　在生活中，我們的年紀越大、閱歷越豐富，我們的耐心就越缺乏。

　　這是一個強調「快速」、「效率」的世界，無論是工作中、生活中，還是面對孩子時，我們都企圖以最快速的方法解決問題。

　　我們面對孩子時，就像上級面對下屬那樣，總是居高臨下的態度。面對孩子和我們的交流，我們也急切地回答、迅速地給出建議，我們懶得聽孩子的想法，總是急於結束孩子的話語，甚至打斷孩子的話，在不了解全部事實的時候就給出評價。這樣的傾聽，只是一廂情願的輸出，並不是真正的傾聽。

　　驕傲、輕慢、缺乏耐心，這才是我們真正的傾聽習慣。

　　當妳的耳朵塞滿棉花時，妳怎麼可能聽到孩子的話？當妳的內心之門未敞開時，妳怎麼可能和孩子好好交流？

　　透過「畫外音」去傾聽。

　　不知道妳仔細觀察過沒有，孩子在四五歲的時候，喜歡用「畫外音」來表達，他們會用畫去表達自己的內心。

　　在孩子畫畫的時候，我們不妨多問問孩子為什麼要這麼畫。他的畫其實傳遞了他的內心，透過畫，我們能夠看到他內心的視窗。

　　有一次我看到我弟弟的兒子在畫畫，於是就問他：「這是誰啊？」

　　「這是我。」

　　我說：「為什麼你的臉是綠色的？」

　　「伯伯，他們都說我帥，綠色代表我帥。」

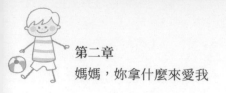
　　我覺得這很有趣，在孩子眼裡，他覺得綠色很漂亮，所以綠色代表帥。

　　「為什麼那半邊臉是藍色的？」

　　「藍色代表更帥。」

　　「那為什麼穿黃色的衣服？」

　　「伯伯，我媽媽說了，黃色衣服漂亮。」

　　「那旁邊有個愛心是什麼意思？」

　　「代表了我愛媽媽。」

　　這多有趣啊，孩子的思想和情感其實很容易被發現，關鍵是我們有沒有這個意願去觀察和了解他們。

　　媽媽，我希望妳這樣：

■ 媽媽，請試著對我說「可以」

　　媽媽，過去妳對我說過太多不行，從現在起，能不能試著對我說可以？

　　過去我們的教育，常常重點在如何和孩子說「不行」，如何阻止孩子，如何聰明地說「不」。

　　不能做這個，不能做那個，不能這樣，不能那樣。

　　父母一直對孩子說「不」，是真的愛孩子，想告訴孩子什麼是正確的方法，還是怕麻煩？

　　我們往往忽略了：要讓孩子自己去嘗試，這才是最重要的。只有孩子自己去嘗試，自己去發現，他才能形成自己的認知。

　　如果家長一直把孩子限制得死死的，那麼孩子就不知道什麼是能做的，他只知道什麼是不能做的。他只會知道成功的滋味，因為可能的失

敗都被父母擋住了。孩子沒有辦法在失敗中學習，也沒有辦法在失敗中成長。

　　與其一直給孩子在成功、正確的路上保駕護航，不如讓孩子試試另外的方法、另外的途徑，為什麼不讓他試試他那些錯誤的想法，讓他試試他的「與眾不同」的路？

　　就算孩子的想法是錯誤的，也要允許孩子自己去發現和改正。

■ 媽媽，請耐心地和我交流

　　媽媽，妳可能以為我經常無理取鬧，其實不是這樣的。我的每一個行為背後，都有我這麼做的原因。也許是我不舒服了，也許是我感到憤怒，也許是我覺得失望，有挫敗感，也許是我感到了危險，還有可能是我渴望得到妳和爸爸的關心⋯⋯但是妳常常會把我的行為理解為無理取鬧。

　　我們需要學會挖掘孩子行為背後的真實原因，孩子並不知道自己正在經歷什麼，他們不知道自己為什麼會感到疼痛或者恐懼，所以只能想辦法吸引父母的注意力，好讓父母來幫助自己。

　　這時他們需要的，是媽媽能夠耐心地和他交流。

　　交流是一個動態的、雙向的過程，你說，我也說，我回應你的，你回應我的。

　　我發現，和孩子一起做一件事，邊做邊溝通效果是最好的。這時的氣氛最輕鬆，孩子也最容易敞開心扉。

　　最壞的溝通是把孩子拽到面前，生硬地要求孩子回答自己的問題。

　　「你說說為什麼？」「你說說這是怎麼回事？」「你說說你最近在想什麼？」

　　天啊，這讓孩子怎麼說呢？交流可不是審判。

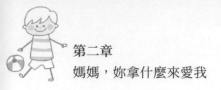
■ 媽媽，請真正地接納「我」

我就是我，我和別的孩子不一樣，我也不需要和別的孩子一樣。別人家的孩子再優秀，在妳心裡也不能取代我，是不是，媽媽？

對媽媽來說，真正的耐心是：

孩子，不管你是發脾氣還是哭個不停，我都會理解你的情緒；孩子，不管你想做什麼，我都會理解你的願望；

孩子，不管你做錯了什麼，我都相信你的本性是好的，你只是不小心做錯了事；

孩子，即使你做錯了事，還沒有意識到自己的錯誤，還沒意識到要改正，我也會保持耐心，並幫助你找到答案；

孩子，即使你和別人不一樣，我也會理解你，接受你和別人的不同。

09.
媽媽，有比成績更重要的事嗎？

我有個朋友，從小到大都是「別人家的孩子」，無論是學業，還是事業，永遠保持最頂尖的狀態。但是成年以後，他的父母就很少見到他，因為他總在忙。如今年過 30 歲，他既不結婚，也無法維持長時間的戀愛。

他太忙了，把所有的精力都投入到了工作中，卻並不快樂。他對我說：「這些年，時常有危機感。公司裡優秀的年輕人非常多，他們讓我有危機感；比我年長的、站得更高的上司，也讓我有危機感。當我想要放鬆時，只要想到如果我不努力，馬上就會被人追上甚至超過時，就會感到壓力非常大。」

他就是這樣成長起來的。他的成績一直是年級前三名，而他的努力程度也超過了任何人。因為他的爸爸媽媽時常敦促他要努力，告誡他不要驕傲，他們最常說的話是：「不努力，別人很快就會超過你了！」

這種危機感從童年伴隨他到成年。不斷地比較帶來的，是永不消逝的危機感。

▋ 媽媽，我的成績對妳來說有多重要？

我發現很多媽媽，雖然表面上認同學業成績不是評價孩子的唯一標準，但在內心深處還是認為孩子的學業成績最重要。

所有的事情都要排在成績的後面。即使一個孩子在品德方面再高尚，在性格方面再完美，課外成績再優秀……只要他的課堂成績不好，也不會被認為是優秀的孩子。

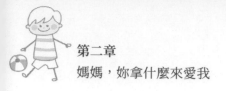
　　用成績衡量孩子的一切，正是我們的教育錯誤的源頭，同時也是孩子不快樂的源頭。

　　因為孩子是人，他們活蹦亂跳，有情感有思想，他們人生的豐富多彩，遠不是一串數字能夠衡量和定義的。

■ 媽媽，有比成績更重要的事情嗎？

　　媽媽們，請回答一個來自孩子的問題：真的沒有比成績更重要的事情了嗎？

　　答案是：有。那就是孩子的幸福。

　　幸福來自於什麼？

　　它並不來自於成功，也不來自於財富，世界上最成功的人和最富有的人不一定是最幸福的人。幸福來自於內心的自我認同和滿足感。

　　一個從小被教育成績重於一切的孩子，很可能長大以後也常常有怕被別人比下去的危機感。

　　現在的父母常常會陷入一種錯誤的觀念之中，並把這種觀念灌輸給孩子：如果你不能比別人考得好，以後你就不會有好前途；優秀就是超越別人。

　　這種教育造成的結果是，孩子的眼睛總是盯著別人，如果不能比別人好，他就不會感到幸福。

　　媽媽，我希望妳這樣：

■ 媽媽，請不要再把我和別人家的孩子做比較

　　最好的父母，從不把自己的孩子和別的孩子做比較。

　　有一個調查，調查內容是人們最感激父母為自己做過什麼事。

　　有一個選項的支持率非常高，那就是「從來不把我和別人做比較」。

最好的父母，不會把自己的孩子和別人做比較，他們不但能夠欣賞自己孩子的優點，使他們意識到自己的特別之處，還會引導孩子學會欣賞別人的長處。

在這樣的教育下，孩子往往會充滿自信，同時又不會成長為只關注自己、自高自大的人。

他們能夠讓孩子感覺到：自己是個有價值的人，這種價值不是因為他比誰優秀，而是他能夠發揮自己的長處，用自己的力量去做有價值的事情。

■ 媽媽，告訴我有些事情比成績更重要

有一天，我從外地出差回來，下班高峰時間叫不到計程車，就坐捷運回家。坐在我旁邊的是一個小女孩和她的媽媽，小女孩非常不開心，一直在默默地掉眼淚。

我聽到小女孩的媽媽在寬慰她。原來這個小女孩剛剛參加了兒童鋼琴比賽，只得了第三名。小女孩很要強，就哭了。

小女孩的媽媽勸了她一會兒，她還在默默地哭。

而後，小女孩的媽媽對她說：「媽媽跟妳說，媽媽讓妳學鋼琴，不是為了讓妳比賽得第一，也不是為了考證書。媽媽小時候非常想學鋼琴，但是家裡情況不允許。媽媽每天放學路過一家鋼琴才藝班，看到其他小朋友在練鋼琴，聽她們彈出好聽的音樂，媽媽非常羨慕。媽媽讓妳學鋼琴，是為了讓妳享受媽媽小時候沒有享受到的東西。如果妳是為了比賽沒有得第一而傷心，那就違背了媽媽讓妳學鋼琴的初衷。媽媽希望鋼琴能帶給妳快樂，這是媽媽小時候很想得到但是得不到的東西。媽媽還希望，如果有一天，妳遇到了不開心的事情，而媽媽沒辦法陪在妳身邊，妳可以把琴蓋開

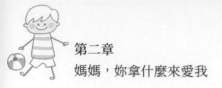
啟，彈一首妳最喜歡的曲子，就好像媽媽還陪在妳身邊一樣。我希望彈鋼琴能夠成為讓妳快樂的愛好，而不是讓妳超過別人的工具。」

我聽了非常感動，也很高興那個小女孩有這樣好的媽媽。

幸福的能力是非常重要的，這種能力既需要孩子自己去培養，也需要父母幫助孩子去養成。讓孩子感到幸福，比讓孩子考第一、超過誰重要得多。

10.
媽媽，為什麼一定要讓我成為妳希望的孩子？

媽媽的來信：為什麼我的孩子總是和別的孩子不一樣呢？

我兒子今年上高中，是很乖的小孩，成績也不錯，就是有點內向，可以說他在學業方面很少讓我操心。但是這個孩子有一點讓我擔心，就是他總是和別人不一樣。

例如，別的孩子放學以後，寫完作業就出去瘋玩了，而他總是在屋裡悶著不出來。

別的這個年齡段的小男孩可能會喜歡偶像、喜歡女孩子、喜歡軍事，而我的孩子特別喜歡屍體，他對人死了以後的事情特別感興趣，收集了很多屍體的照片，買了很多類似於《法醫學》、《女法醫手記》之類的書。

平時他最愛看的電視劇，是《雙面人魔》（*Hannibal*）、《犯罪心理》（*Criminal Minds*）和《夢魘殺魔》（*Dexter*），來來回回地老是在看這幾部。

有一次我翻開他買的那些書，上面密密麻麻的都是他劃的重點，旁邊還有他的筆記。如果孩子以後想做醫生，我不反對，但是如果他做法醫，成天和屍體打交道，那怎麼得了？

我該如何讓他放棄這些特殊愛好，把他變成一個普通孩子？

當孩子漸漸長大，開始變得讓人難以理解時，很多父母都會產生三重恐慌：

■ 第一重恐慌：失去了對孩子愛好和思想的掌控

父母不了解孩子，不知道孩子喜歡什麼，也不知道孩子為什麼喜歡那些事物（往往孩子喜歡的東西都是父母覺得不可理喻的）。

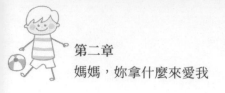
「我失去了對孩子愛好和思想的掌控。」這是第一重恐慌。

■ 第二重恐慌：失去在孩子面前的權威形象

孩子小的時候，大多數知識都是由父母傳達給孩子的；孩子上學以後，即使知識和資訊不是由父母親自來教授和傳達，但父母對其也並不陌生。

但是隨著孩子越來越大，父母會發現孩子喜歡的、關注的事物，變成了他們不了解的東西。

孩子喜愛的事物，對父母來說是全新的。

「當孩子喜歡了我不了解的東西時，我就覺得自己無法維持權威形象了。」這是第二重恐慌。

■ 第三重恐慌：害怕孩子玩物喪志，或者無法帶來家長認可的利益

有些媽媽的恐慌是因為怕孩子玩物喪志而產生的，還有些是和上文那位來信的媽媽一樣，擔心如果孩子繼續喜歡屍體，立志當法醫，就會走上自己並不看好的道路，換言之，就是無法帶來自己認可的利益。

在媽媽已知的生活經驗裡，不知道孩子的這一愛好是否有必要繼續，能否帶給孩子美好的未來。

「我害怕孩子玩物喪志，也害怕孩子喜歡的東西沒有辦法帶來我認可的利益。」這是第三重恐慌。

■ 媽媽，為什麼一定要讓我成為妳希望的樣子？

從表面上看：妳的孩子和別的孩子不一樣，他喜歡別的孩子不喜歡的東西。

但從本質上來說，是我們無法接受孩子變成他自己所希望的樣子：自己了解的、在自己的經驗中正確且成功的樣子。

媽媽害怕失去對孩子的掌控，害怕無法延續權威的形象，害怕孩子的未來脫離自己的掌控⋯⋯這才是媽媽們真正擔心的。

這些未知帶來的焦慮，對爸爸媽媽來說是很嚴重的事情。

其實我們應該明白：孩子是獨立於父母的個體。孩子的未來，會受到家庭、父母以及學校教育的影響，但是最終，還是取決於他自己。

每個孩子的未來，都是他自己的，我們越多地干涉，就越多地使孩子喪失自己探索未來的可能性。

父母的干涉，不僅不能使孩子改變航向，還會使自己和孩子之間的距離越來越遠。

每個孩子，都只是他自己，都是不同的，所以妳的孩子當然有可能和別的孩子不太一樣。

我們能做的是什麼？

■ 媽媽，妳能不能克服自己的焦慮？

孩子，身為妳的媽媽，我會努力克服自己的焦慮。

與其強行使孩子改變其愛好，父母不如從克服焦慮、接受孩子的不同開始。

接受每個孩子的個性，接受孩子有自己的喜好、願望、性格、理想。有首詩這麼寫道：「孩子能夠去的，是我們永遠也到不了的明天。孩子的未來，可能是我們永遠也無法觸碰的未來。」

而我們能夠做的，就是讓孩子變成他喜歡的樣子，在可以陪伴他的時候，陪在他的身邊。

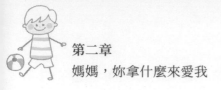

■ 媽媽，能不能把決定權還給我？

媽媽只給你建議，但是決定權永遠在你的手裡。

身為媽媽，能夠提供給孩子的，就是自己的建議。我的建議是從母親的角度出發，以過去的生活經驗為基礎，以自己的人生閱歷為準繩，並最大限度地融入自己的智慧。

但是，決定權仍然在孩子的手裡。

這是媽媽對孩子的最大信任和尊重。即使孩子的選擇和自己的建議不一樣，也要表示祝福、接受和支持。

媽媽的回信：我在和他一起看《夢魘殺魔》（Dexter）

以前，當我看到孩子在網上搜屍體的圖片、看那些血腥的電視劇時，我都會表現出不高興。不過我決定先克服自己的焦慮，因為我想更了解他。

我先是從網上買了宋慈的《洗冤集錄》給他，當然，我事先做了功課，覺得這本書他應該會喜歡。當我把書拿到他面前時，他的眼睛都亮了。

後來我和他談了很多，關於他的愛好，他對屍體的興趣，他對探索死亡的看法……以前他從沒跟我說過這麼多話。

他對我說，他還沒想好以後要做什麼，以後並不一定要當法醫，只是對此很感興趣，覺得那是另外一個領域的知識。

我對他說：「雖然媽媽不喜歡這些，但是媽媽理解你並支持你的喜好。不過媽媽希望你能夠慎重考慮自己的未來。」

他表示同意，並和我說那是很遙遠的事情，但是他在做任何決定之前，一定會參考我的意見，並慎重考慮。最後我們一起看了《夢魘殺魔》（Dexter），我發現原來還挺好看的。

11.
媽媽，為什麼妳不懂尊重我？外公外婆也這麼對妳嗎？

曾經有位媽媽對我說：「為什麼我的孩子總是喜歡把自己關起來？我的孩子今年上高二，性格比較內向，也不夠獨立。不知道從什麼時候開始，他每天回家都要把自己關起來，也不知道在屋裡做什麼。我很想和他多交流，但是他不給我這個機會。我有好幾次假裝和他說話，然後離開他房間的時候把門留著，可是我剛走出幾步，他就把門關上了。最後，孩子還在門上貼了紙條：請隨手關門。我不知道孩子是怎麼想的，為什麼要和我們隔絕？每天都關門，不是太冷漠了嗎？明明沒有人去打擾他。我該怎麼開導他？」

聽到這個問題，我覺得非常吃驚和難過，吃驚的是，很多孩子已經成長了，但是媽媽沒有跟著成長；難過的是，媽媽還沒有適應孩子長大後的規則，但是孩子已經在為了這個規則反抗了。

成長是件很累的事情，對孩子來說是這樣，對媽媽來說也是。

做別人的媽媽，也許是世界上最難的職業了。難度不僅僅來自於為人父母的辛苦和壓力，更重要的是，很多時候，身為孩子的媽媽，我們並不知道該怎麼去做，該怎麼去愛孩子。

隨著孩子的成長，媽媽也必須實實在在地跟著孩子長大。

在孩子兩三歲的時候，媽媽常常不尊重孩子（其實這個時候孩子也是需要尊重的），孩子也不太會反抗；但是隨著孩子越來越大，有了自己的意志，爸爸媽媽還不懂得尊重孩子，還用他小時候那一套對付他，雙方的衝突當然就會產生！

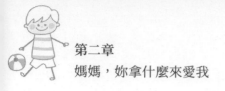
媽媽們可以試著回想自己的童年，爸爸媽媽是如何對自己的？自己的感受又是怎樣的呢？

我們的矛盾：既希望孩子趕快獨立，又希望孩子可以100%地依附我們。

成長必然會帶來改變，如果一心想要孩子變成以前那樣（也許是幾歲時候的狀態），其實是媽媽的貪欲在作怪。我們既希望孩子長大獨立，又希望他們100%地依附於我們、聽我們的話，這是何其矛盾啊！

孩子長大了，我們要學會尊重他們，允許他們有自己的空間，有自己的祕密，有自己的隱私，我們要學會尊重他們的需求，並且注意在外人面前替他們留面子 —— 有時，我們甚至需要像尊重一個外人那樣去尊重孩子。

改變孩子，使他不關門的方法有嗎？

當然有啊，有無數個方法可以強迫孩子把門開啟，但是妳強迫得了一時，卻強迫不了一世。如果我們現在強迫孩子，孩子一旦能離開這個家，可能就再也不想回來了。

任何事情都要付出代價，不尊重孩子的存在，要付出的代價，常常比媽媽們以為的要大。

■ 媽媽，可以給我拒絕的權利嗎？

尊重是給孩子拒絕的權利。

上文那個孩子，在他媽媽面前關起一道門，媽媽認為這是「冷漠」的表現，而我則認為，那道門，其實是孩子在爭取屬於自己的權利。

那道門，叫做拒絕的權利。

當我們去別人家的時候，首先要敲門，由別人替我們開門，我們才能進去。因為別人有拒絕你進去的權利。

別人擁有拒絕我們的權利，但是沒有拒絕我們進去，這才是真正的歡迎。

給予孩子關上他的門的權利，實際也是給予孩子拒絕我們的權利。當孩子擁有拒絕我們的權利，還向我們敞開門的時候，他才是真正地歡迎我們。

■ 媽媽，可以不對我進行情感綁架嗎？

尊重是不對孩子進行情感綁架。

不要說「我們這麼辛苦都是為了你」、「爸爸媽媽為了誰這麼累」、「爸爸媽媽為你付出是心甘情願的……你忍心不聽話嗎？」

這種情感綁架，一開始會使孩子升起愧疚心，覺得自己對不起父母，但是時間長了，反而會引起孩子的反感。

任何時候都不要指責孩子「不知感恩」、「忘恩負義」，殊不知，感恩是一種發自內心的行為，而不是透過父母的情感綁架和道德綁架產生的。

不要打著「我是為你好」的旗號，干涉孩子的自由，侵犯孩子的隱私，甚至對孩子進行打罵和侮辱。不是所有的錯誤行為都能用「我是為你好」來遮掩的。

■ 媽媽，可以讓我擁有隱私權和名譽權嗎？

尊重是允許孩子有隱私權和名譽權。

很多媽媽喜歡隨意把孩子的糗事當成笑話說，常常孩子已經明確表示不高興了，但她們還是樂此不疲。

如果孩子有事不想讓別人知道，要幫孩子保守祕密。同時也不要說孩子「開不起玩笑」，事實上孩子也有自尊心，任何建立在對方不樂意的基礎上的玩笑都是對他的不尊重。

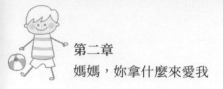
　　孩子的隱私權常常被我們忽視，有的父母認為孩子是自己養大的，根本不該有隱私，還有的父母認為「你一個小孩子能有什麼隱私」。

　　如果想了解孩子，那就真誠地和孩子溝通。如果溝通不了，說明大人需要反思自己的行為。

　　不要為了了解孩子，就偷看孩子的日記，也不要偷看孩子的信件！

　　同時也要尊重孩子的名譽權，不要隨意地評判他們，尤其在外人面前。我們在生活中常常會看到這樣的情況：兩個家長聚在一起，兩個孩子其中一個成績更好，成績略差的家長就說：「你家孩子比我家孩子強多了。」

　　成績略好的孩子的家長就會謙虛地說：「還是你家的孩子好，你家孩子才是我們家 ×× 的榜樣呢。」

　　類似上述的大人間客套的言語，犧牲的往往是孩子的快樂。

　　當然，家長也不能在孩子毫無準備的情況下，忽然讓孩子表演才藝，比如唱歌、跳舞、背詩、彈琴等。有的家長為了顯示自己的孩子有才藝，往往逮著機會就讓孩子表現，常常孩子很尷尬了，大人還毫無所覺。

12.
媽媽這個我能做！

我常常聽媽媽們抱怨：孩子越來越不給她們包辦的機會了。

有位媽媽對我說：「孩子今年上小學四年級，現在的孩子不同於我們那時候了，雖然才上小學，但是她的課業非常重。身為媽媽，我能做的就是讓孩子毫無負擔地學習，所以我就包辦了孩子所有的事情。我對孩子說：妳的任務就是讀書，其他的爸爸媽媽替你做。

「我替孩子洗衣服，每天早晨幫她擠好牙膏，飯給她做好，叫她起床後幫她疊被子。但漸漸地我發現，她很反感我替她做事情。如果我替她擠了牙膏，她會沖掉自己重新擠。早晨即使時間很緊張，我讓她去刷牙，我來疊被子，她也是冷著臉自己疊被子。我替她洗內衣，她也非常不樂意，甚至把內衣藏到我找不到的地方，留著自己洗。我非常困惑，怎麼我幫她做事還幫錯了？」

我幫孩子做事還幫錯了？這是很多媽媽的困惑。但是孩子真的需要妳的幫助嗎？媽媽的包辦，其實是在溺愛孩子。媽媽包辦一切，使孩子喪失了自主能力。

■ 媽媽，我也需要成就感

成就感是所有人都需要的，孩子也不例外。孩子希望父母能夠認可自己，即使他們有時候的表現並不能讓父母滿意，但其實這並不是他們的真實意圖。比如妳不允許孩子做某件事情而孩子非要去做，實際上，孩子的這種行為是為了得到妳的關注和回應，他們認為自己做了父母不允許的事情，父母就會在第一時間將注意力集中到自己身上。

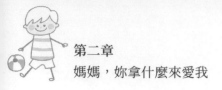
除了想被父母認可，孩子還希望能被父母了解。當孩子感到父母真正了解了自己，他們會主動去學習、與他人合作以及關心他人。辱罵、強制命令或者暴力傷害只會適得其反。

■ 媽媽，妳越控制，我就越想反抗

沒有人喜歡被他人控制，孩子也一樣。父母越試圖去控制孩子，就越容易引起孩子的反抗，越容易與孩子發生爭執。「讓孩子獨立制定所有規則」這種方法我並不推薦，父母在和孩子談話的時候可以使用一定的談話技巧讓孩子去做某件事情，避免引起孩子的反感。希望能夠幫助到父母並取得父母的賞識是孩子普遍的需求，對此，父母應該學會滿足，並且讓孩子有一個獨立自主的空間。

■ 媽媽，請讓我擁有自己做事的權利

當孩子完成一件力所能及的事情後，他的第一反應往往是去看媽媽的反應，為什麼？因為孩子希望媽媽能夠看到自己的成就，能夠給予自己鼓勵，能夠給予自己誇獎。這還不能說明媽媽在孩子心中的地位嗎？

愛孩子，就不要剝奪他獨立的快樂；愛孩子，也不要吝嗇於給出妳的讚賞。

13.
媽媽請冷靜地愛我

我們往往教給孩子知識，卻沒有帶給孩子智慧。

很多爸爸媽媽多把知識當成有智慧，這是一種錯誤的觀念。

在這種錯誤觀念的影響下，很多父母希望自己的孩子知識多，於是拚命往孩子頭腦裡灌輸知識，所以現在的小孩都掌握了大量知識。

我見過一個孩子才 4 歲就認得 1,500 個字，很多孩子在幼稚園就會背三字經、九九乘法表。但是這些知識，妳隨便開啟書、開啟電腦就能得到。

智慧不取決於妳有什麼知識，而取決於妳會如何運用這些知識。要使孩子有智慧，需要給他空間，不要用知識把他的世界塞滿。

■ 冷靜的愛，是放下貪欲

我們對一個人愛得越深，對他的期望也就越高；對一個人愛得越深切，對他的掌控也就越緊，我們把這種控制叫做負責，把這種欲望叫做期望。

這些愛，其實都是我們貪欲的化身。

孩子需要的不光是來自父母和老師的教育，在他們的成長之路上發揮最大作用的是他們的自我學習和自我教育。

正是因為很多父母心存貪欲，才會把自己的意志強加給孩子，使他們成為我們「愛」的人質。

「因為爸爸媽媽很愛你，所以你必須很優秀，否則爸爸媽媽就會感到焦慮。」

「因為爸爸媽媽很愛你，所以你必須努力，否則爸爸媽媽就會感到不安全。」

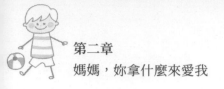
「如果你沒有比別人更強，我怎麼能安心？」

這種愛不就是完完全全的貪欲嗎？

當孩子接收到父母的貪欲時，他就沒辦法做個快樂的小孩——他成了父母貪欲的一隻蚱蜢，被父母的愛牢牢地拴住，既沒有辦法自由，也沒有辦法成長。

父母只有把自己教育好，教育的成果才會顯現出來。

孩子就像鮮花，父母就像根莖，一味要求鮮花美麗，其實是本末倒置。

只要根莖長得好，營養充足，鮮花自然會盛開。

■ 冷靜的愛，是放下情緒

出於焦慮和憤怒，我們懲罰孩子，責備孩子，把各種問題扣在他們身上，既看不到他們的喜怒哀樂，也不關心他們的真實需求。

孩子的每一個錯誤，都會引起我們內心莫大的焦慮。

冷靜的愛，是放下情緒，以平和的心態面對孩子，既不漠視孩子的錯誤，也不過分放大他們的錯誤。

■ 冷靜的愛，是放下自我

我們致力於把孩子變成我們希望的樣子，但是我們管得越多，孩子就越容易變成我們最不希望的樣子。

這就是作用力和反作用力。

我們管得越多，孩子就越像我們人格中最壞的那部分。

為什麼不能讓孩子自由成長？為什麼一定要讓孩子成長為我們想要的樣子？

■ 冷靜的愛，是學會放手

媽媽們，可以給予孩子犯錯和嘗試的機會嗎？

在孩子的成長過程中，媽媽們最重要的一個目標是：讓孩子獨立。幫助孩子成為有思想、有見識的獨立個體，使他們有一天離開我們時，能夠獨當一面地去生活。

這意味著，我們不能總是把孩子當成我們羽翼下的小鳥，不讓他去見識外面的風雨；不能因為怕錯誤和危險，就不允許他們去嘗試；不能因為心疼他們，就不讓他們經歷各種問題，經歷內心的掙扎。

孩子往往在錯誤中成長得更快，在掙扎中更易獨立，父母不能剝奪孩子犯錯和掙扎的機會。

第三章
爸爸，你拿什麼來愛我

在中國的傳統觀念中，男主外，女主內，相對於母親而言，父親常常是工作繁忙、應酬多多，所以父親對孩子成長過程的參與，是非常有限的。

中國大多數家庭都是母親照顧孩子的日常生活，而孩子偶爾與父親在一起，更多的是玩耍。

在和母親相處的過程中，孩子學會了基本的生活能力，學會了如何和別人相處。

但是，有的時候，孩子更需要爸爸！

如果爸爸不懂如何去教育孩子，那麼孩子的精神世界就會有所缺失。

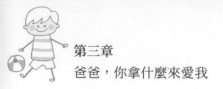
14.
爸爸，很多時候我更需要你！

在孩子眼中，父母都是非常了不起的，爸爸媽媽似乎無所不知，無所不能，尤其是爸爸，在孩子的眼裡，爸爸簡直像超級英雄一樣。

我們的傳統觀念認為：媽媽相夫教子，爸爸賺錢養家。

雖然從表面上來看，母親在孩子的成長過程中造成了關鍵作用，但其實父親能夠發揮的力量不亞於母親。只是父親的影響更加隱性，不容易被察覺。

爸爸媽媽，是孩子的「天」與「地」。我們頭頂的是天空，腳下踩的是大地。在《易經》中，地是坤，它代表女性，代表了家庭中的媽媽；天是乾，在家庭中，天代表了爸爸。

在家庭教育中，爸爸和媽媽的影響就像天和地一樣，是同時存在、互相影響、互相作用的。如果天地失衡，天地交戰，對中間的人 —— 孩子來說，是非常可怕的。

天代表人的精神世界，地代表人的處世之道。

天和地的共同作用，會影響孩子的系列觀，系列觀是孩子在天地之間生存的最重要的幾個「觀」：價值觀、家庭觀、愛情觀和求學觀。

其中最重要的是價值觀，價值觀是一個人判斷是非對錯的根本標準。比如，有的家庭對孩子的影響，是使孩子把金錢放在第一位，那麼當這個孩子長大，就會為了金錢拋棄一切。

家庭觀決定了一個人對家庭的認知。

父母同時還會影響孩子的愛情觀和求學觀。

這些「觀」共同決定了孩子長大以後會如何選擇，如何生活。

■ 爸爸，你意識到自己的教育責任了嗎？

很多爸爸沒意識到自己在教育孩子上應該承擔什麼樣的責任，只有當孩子出現問題的時候，爸爸才會問：到底為什麼會這樣？

有一位姓劉的爸爸，他的孩子今年 13 歲，曾經是一個非常優秀的孩子，但是因為這位爸爸長期做生意沒有時間照顧他，就把他放在了一所私立學校讀書。結果這個孩子，不僅沒有讀好書，還因為父母陪伴的缺失，養成了一些壞習慣。

就在西元 2014 年，這個孩子竟然偷了 17 部手機，並把偷來的手機分給班上的同學 —— 跟他玩得最好的 17 個人一人一部，他自己卻沒有留。

等到這件事被發現後，他面對警察、面對老師和校長的時候，竟然泰然自若。

校長非常震驚，他問我：「為什麼這麼小的孩子，面對這麼大的事情，竟然如此淡定？」

這樣淡定的原因是什麼？校長百思不得其解。

我和這位校長進行了溝通，就這個孩子的問題進行了多方面的分析。

首先，這個孩子一定是極其聰明的，也就是說他的智力在同齡人的智力之上。他的智力造就了他的早熟。後來我了解到，這個孩子象棋下得特別好，他的象棋是和他的爺爺學的，他參加過青少年象棋比賽拿了第一名。

其次，這個孩子在成長的過程中，一定受到過很嚴重的挫折，這種挫折一定是來自於他的父親。

後來透過和孩子爸爸交流，我了解到他對孩子的教育方式孩子簡單粗暴。因為他長期在外面做工程，非常忙，每次聽到孩子又出問題的時候，他就會飛到學校，狠狠地責罵他、打他，打的時候還伴隨著暴力威脅：「下次你再敢這樣，我就打斷你的腿！」

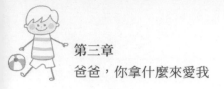
　　這種暴力性的教育方式使孩子內心受到了很大的傷害。同時，他的這些叛逆行為，使得他身邊的人開始帶著有色眼鏡去看他，用負面的語言去評價他，這更加速了他的自暴自棄。

　　既然沒有人看得起他，他索性就一路墮落下去。

　　這個孩子面對這種情況為什麼會如此淡定？因為他內心並不把自己當成一個小偷，小偷是可恥的，但是他覺得他偷手機不是為了自己，他把偷來的手機分給了其他人，這樣責任就不光在他一個人身上了。因此，第一，他不覺得自己責任很大；第二，他不覺得自己的行為是丟人的事情；第三，一個小小的孩子能偷這麼多手機，他也覺得這顯露了他的聰明和智慧。

　　雖然這個孩子身上的問題很大，但是他本身的惡意並不大。如果因為他的行為就單純把他判定為問題少年，直接把他送進少年觀護所，這個孩子很可能就會毀了。

　　我認為，不能從表面的行為就斷定這是一個壞孩子，這是一個不可救藥的孩子。任何孩子都是可以挽救的，應該給孩子一次機會。

　　於是在學校和孩子的爸爸解決了賠償和法律上的問題後，我把這個孩子直接領到了我的兩個助理身邊。他們按照我的教育方式，對這個孩子進行開導和改造。

　　這個孩子表現得非常好，不到兩個月的時間，可以說是脫胎換骨。

　　光改造孩子是不夠的，更重要的是改造他的爸爸。

　　我對孩子爸爸的要求是，當他再次面對孩子時，無論是面對面，還是打電話，只能用三種語氣和孩子說話。

1. 柔和地溝通。平時和孩子說話，不可以動不動就批評孩子，要關心孩子，用柔和的態度和孩子說話。

2. 輕快地交流。有時需要像朋友那樣和孩子相處，過去，這個孩子的爸爸將演「嚴父」這個角色扮演得太久了，以至於孩子和他從來沒有像朋友那樣交流、交心過，現在是改變的時候了。

3. 莊重地教誨。當孩子犯錯了，當父親需要教育孩子的時候，不可以再像過去那樣聲色俱厲地批評甚至毆打孩子，這些絕對無法發揮教育的效果，還會讓孩子離你越來越遠。所以，要把過去棍棒教育改成更溫和、嚴肅的教誨。

後來這個爸爸學會了，他打電話給孩子都是採取這種溝通方式：「我聽說你最近國文進步很大。」「老師告訴我，雖然你最近表現一般，但是你的數學潛力他已經發現了！」

這種簡單的讚揚，是這個孩子以前從來沒有聽爸爸說過的！

這個孩子從小到大很少得到父親的肯定，所以當父親發生改變，孩子的改變就會更大。父親對孩子的影響，就是這麼大。

就這樣幾個月以後，當看到孩子發生翻天覆地的變化時，爸爸竟然當著我的面哭了。

■ 爸爸，你真的會「愛」嗎？

曾經有個父親帶著他的孩子來找我，他的孩子已經18歲了，但還在上國中。

為什麼18歲還在上國中？因為他上國一的時候，輟學了很長時間。導致輟學的原因是青春期戀愛，而他的父親又不懂如何和他溝通，所以採取了非常強硬的方式─要求他和那個女孩永遠不連繫。當時這個孩子正處於叛逆期，對於父親的行為感到非常憤怒。從小到大，只要他犯了什麼錯，父親就會使用簡單粗暴的語言來對待他，從不會和他溝通或者談心。

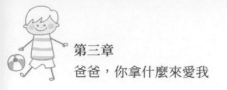

現在這個孩子對自己的父親充滿了仇恨，他偷偷地在床下藏了把砍刀，父母發現後問他要做什麼，他說想殺了父親。

當我見到孩子的父親時，我從他臉上看到的是深深的無奈和憂傷。

孩子的爸爸說：「在我的公司，六七百名員工，我都可以管得服服貼貼。卻唯獨管不了我的兒子。」

從他的話語裡，我感覺到這位父親急需幫助。

當我見到這個孩子時，才發現他並不像他父親所說的那樣。不知道為什麼，這種情況我經常會遇到：每次孩子的父母跟我描述完孩子種種不良行為之後，我見到的絕大多數孩子並不像其父母所形容的那樣。

看到這位 18 歲的少年，我發現他除了有點虛偽、喜歡裝深沉之外，並沒有什麼大問題。後來我讓這個孩子來參加我們為期 3 天的家政班。在家政班上，他的母親和他一起來了，我讓他與他的母親一起做志工，在做志工的過程中，他發現了自己的不足，了解到自己有很多地方需要改變。

他在 3 天志工結束之後，便下定決心要改變，並且經常到我們公司和老師溝通，在很短的時間裡，變化很大。沒過多久，他就回到了自己家中，平靜地生活了一段時間。

因為他當時上國三，學業比較繁重，有天作業做完了，他媽媽覺得反正今天作業做完了，想讓他放鬆一下，就讓他玩會兒電腦遊戲。

那天孩子爸爸多喝了一點酒，回家以後看到孩子在玩遊戲，就生氣地說：「你就知道玩！這麼大的人了，就知道玩遊戲！你這 18 年白活了！」

這個孩子晚上哭著打電話給我：「詹老師，這麼多年，我爸終於說出實話了。他終於說出實話了，他就是覺得我是廢物！他就是想讓我死！」

對爸爸來說，他可能不把自己的話當一回事，他認為自己只是在教育孩子，可能喝多了，方法過激了一點。但是孩子收到的資訊是：你希望我去死。

這個孩子哭著對我說：「老師，我現在就想知道，從 18 樓跳下去是什麼感覺。這一輩子，我一定要體驗一下。」

我對這個孩子說：「如果你一定要體驗跳樓的感覺，你可以去玩一次高空彈跳。」

有時，我們好不容易把孩子調整過來了，但是回到家中，他又很快受到傷害。有的孩子會傳訊息給我說：「老師，爸爸又打我了。媽媽攔也攔不住。」

父母不知道，自己對孩子的影響有多大。

家庭對孩子到底有什麼影響？其實我們首先要討論的是：家庭對一個人，到底有什麼影響？

就是因為我們沒有考慮過這個問題，我們才會憑本能去教育。

我們管不住自己的嘴，管不住自己的動作。

一個家庭，僅僅靠媽媽的教育、媽媽的改變，是遠遠不夠的。爸爸也需要改變，無論是從心理，還是從語言和行為，都需要認真地反省和改變。

■ 父親在孩子成長中缺位會導致什麼後果？

如果在一個孩子的成長過程中，父親沒有參與，或者母親過於強勢，導致父親的存在感變弱，那麼這個孩子長大後，就會出現很多問題。

研究顯示，在成長中父親缺位的女孩會變得更強勢，表面上更男性化，但是她們的內心也會更脆弱。她們從母親那裡學到了如何建立親密情感，但是沒有學會相處的規則，以致無法長時間維持親密情感。

而成長過程中父親缺位的男孩，會變得更女性化，性格會更懦弱，在遇到難題時，會更傾向於逃避，傾向於從其他人那裡得到庇護，就像從他媽媽身上得到的那樣。男孩會從媽媽身上學到溫柔，但是沒有父親帶領他學會擔當，他就會變得軟弱。

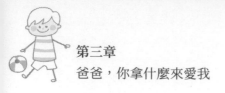
■ 爸爸，可以帶我一起去探險嗎？

父親在與孩子玩耍時會制定遊戲規則，要求孩子按照規則進行遊戲，有時也會進行一些冒險性的遊戲，這是母親無法給予孩子的，這些遊戲能讓孩子更好地發現和克服自身的缺點，也會加強孩子的規範意識。研究發現，父親對於孩子的獨立能力、抗壓能力有明顯的影響。所以，父親經常與孩子玩耍是非常必要的，父親在玩耍過程中還扮演著導師的角色，讓孩子能夠在玩耍過程中學到更多東西。

■ 爸爸，可以認真回應我嗎？

曾經我也對自己的孩子漫不經心。從我家常常可以看到飛機，有天我的孩子說：「爸爸，看，飛機！」

要是平時我會頭也不抬地敷衍著說：「嗯，飛機。」或者假裝很熱情地說：「哎呀，飛機啊。」

可是那天，我鬼使神差地走到窗前，認真地觀看那架飛機，然後我對孩子說：「爸爸看到了，飛機真的好漂亮啊！拖尾的痕跡真的好酷啊！」

我的孩子眼睛閃閃發光地看著我說：「爸爸我好愛你啊！」

我非常高興，因為那是孩子發自內心的表達。我也非常羞愧，原來我的認真傾聽，能夠給孩子帶來那麼大的快樂，可是我以前卻忽視了，從沒有真正走進過他的世界。

看孩子看的風景，體會他體會的感情。

■ 爸爸，可以給我表現愛的機會嗎？

孩子也需要表現愛。

但我們對孩子的愛常常是「不需要回應」的，我們單方面地輸出愛，幫助孩子做所有事情，不給孩子回應我們的機會。

　　從現在開始，爸爸們，可以給孩子一個機會表達愛嗎？

　　我的祕訣是適量「示弱」，給予孩子在你面前扮演英雄的機會，給予孩子愛你的機會。

　　即使爸爸所有都可以做得很好，也要偶爾假裝做不好，讓孩子來幫助我們做。當孩子做成一件我們做不到的事情時，我們就要給予熱情的鼓勵，孩子的積極性會變得更高，他的自我認同也會由此建立。

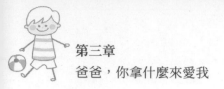
15.
爸爸，你的愛真的純粹嗎？

我發現：不光是媽媽，爸爸的愛，也常常輸給「愛面子」。

爸爸的愛，也常常充滿了傲慢和輕率。

人無完人，爸爸們的私欲，在我看來是非常正常的。但是為人父母，我更願意給孩子純粹的愛。

我也是爸爸，我更希望我的孩子能夠得到我純粹的愛，在這個過程中，我需要不斷和我的傲慢、輕率、懶惰等習性做抗爭。

那麼，什麼是愛？

■ LOVE 的含義

什麼是愛？LOVE，其中的每個字母都代表了一個單字，我認為，愛是 L（Listen）—— 傾聽，O（Owe）—— 感恩，V（Value）—— 價值，和 E（Excuse）—— 原諒。

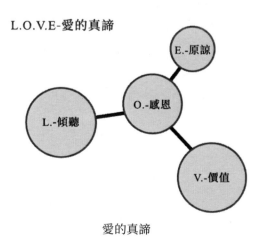

愛的真諦

L（傾聽，Listen）：爸爸，你可以認真傾聽我嗎？

—— 愛是傾聽。

當我們面對自己的孩子時，如果真的愛他，就要付出耐心，無條件地、認真地傾聽他的聲音，然後深入他的內心。當我們能夠真正傾聽孩子時，孩子所感受到的愛是超乎我們想像的。

什麼是傾聽？傾聽不是他說你聽，傾聽代表認可，傾聽還包括回應。當我們聽完孩子說的話，要給予熱烈、認真的回應。如果你的回應能夠超出他的期望，他就會越來越愛和你說話。

傾聽的時候要專注，不要一邊看手機或看電視，一邊漫不經心地聽他說話。孩子能發現你是不是真的對他說的話感興趣。如果孩子發現你只是敷衍他，久而久之他就不愛和你說話了。

愛是傾聽，從現在開始傾聽你的孩子，你會發現一個嶄新的世界。

O（感恩，Owe）：爸爸，你也會感激我嗎？

—— 愛是感恩。

感恩，感謝付出和恩情。通常我們受的教育是，我們要感恩我們的父母，孝敬我們的父母。

對待孩子呢，我們等待他的感恩就好了！

這種想法是何其的輕慢、自信！等待孩子的感恩，這就是我們養育孩子、善待孩子的目的嗎？

難道孩子沒有給我們帶來快樂和成長嗎？難道孩子沒有給予我們前進的動力嗎？當我們不開心的時候想想孩子，就能夠振奮起來，孩子是我們的希望，帶給我們無限的快樂。

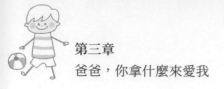
光是這些，還不值得我們用心去感恩孩子嗎？

英語有句話叫做 "Biggest gift of time is so thatwe slowly nurtured a grateful heart!"

翻譯成中文是：「歲月最大的賜予，就是使我們慢慢孕育出一顆感恩的心。」

學會感恩自己的孩子，感恩他給了我們改變和進步的機會，感恩他給了我們愛的機會。

V（價值，Value）：爸爸，你可以承認我的價值嗎？

—— 愛是承認價值。

我們常常說要尊重孩子，什麼是尊重？

尊重首先是要承認孩子的價值，承認孩子的感覺，要讓孩子從你這裡找到價值感，找到他存在的意義。

任何時候都不要打擊孩子，也不要把孩子和其他人做比較。因為孩子對你來說，就是唯一。

他的價值，是建立在他本身的基礎上，而不是跟人比較的基礎上。

E（原諒，Excuse）：爸爸，你可以多包容我嗎？

—— 愛是諒解與包容。

愛的最後一個詞語就是原諒。

我們要學會包容，要允許孩子成長緩慢，允許他說「不」，允許他在很多時候犯錯，並且在他犯錯時，給他時間去思考和反省。

16. 爸爸，可以讓我自己做決定嗎？

爸爸的來信：怎麼才能讓孩子聽話？

我的女兒今年 5 歲，小孩子到了這個年紀都比較叛逆，她的叛逆可能相對其他孩子來說更加明顯。她的牙齒不太好，我就限制她吃糖，她總是趁我不注意偷偷吃，有時吃完也不刷牙。每天跟她鬥智鬥勇實在太累了，我老是能從各種地方翻出她的糖。

也不是不讓她吃，只是希望她少吃。我該怎麼讓孩子聽我的話？

小孩小的時候，大人關心的是如何讓孩子少吃糖，如何讓孩子認真吃飯。等到孩子大一點上學了，大人關心的是如何讓孩子獨立自主地學習，如何讓他們不需要大人催就自覺地完成作業 —— 爸爸們希望孩子能夠既獨立，又聽話，這可真是有點矛盾啊。

■ 爸爸，可以讓我自己選擇和決定嗎？

我父親是很傳統的那種父親。崇尚男主外，女主內，家是他們的根據地，外面才是他們的戰場；認為「棍棒之下出孝子」，孩子不聽話就必須揍；相信「子不教父之過」，每當孩子犯錯時，他們都會用這句話激勵自己不要對孩子放鬆；還認為「我是老子我說了算」，由不得孩子做主。

我的父親就是這樣，他說一不二，任何人都不得違抗。每次我想要反抗，問他「為什麼」的時候，他都會淡定地對我說：「不為什麼。」

有時他心情好，就會說：「因為我是你爸爸，你是我兒子，所以你得聽我的。」

我小時候飽受這種獨斷教育的折磨，當我有了自己的孩子，我決定給

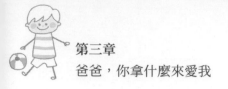
孩子自主權，讓他享受我小時候沒有享受過的自由。但是好多次，我都發現，原來「不為什麼」、「因為我是你爸爸」這種簡單粗暴的教育方式才是最輕鬆的。

不用回答孩子為什麼，也不用和他們商量；不用聽他們那些幼稚的言語，也不用耐著性子聽他們狡辯，忽然我發現，我也變成了我父親那樣的父親：獨斷、專橫，不允許孩子插嘴，也不允許他們自己做決定。

■ 爸爸，不要總是對我提出「正確建議」可以嗎？

克制自己提出「正確建議」。

我們的建議，攔截了孩子太多的第一次：孩子第一次自己出門，被我們阻止了；孩子第一次做家事，被我們攔截了；孩子第一次選擇交哪個朋友，被我們決定了；孩子第一次選擇未來的科系，被我們否定了。

太多父母無法克制自己提出建議，因為他們常常會把孩子的失敗看成自己的失敗，把孩子的錯誤看成自己的錯誤。

有的爸爸會說：幫孩子做一些事情，幫助他們避免錯誤，幫助他們避開一些壞朋友，防止他們因走上錯誤的路而浪費時間 —— 這些事情有那麼嚴重嗎？孩子還小，當然需要依賴大人。然而問題是：當孩子一直依賴父母，他們又如何學會獨立？

有的爸爸在孩子小的時候幫助他們做所有的決定，盡自己最大的努力去幫助和保護孩子，但是孩子長大後，和他們非常疏遠。甚至有的孩子，會對專制的父親產生敵意。因為他們在父親那裡，得不到任何價值感和成就感。

克制自己對孩子提出建議，可不是一件簡單的事，尤其當你明明知道正確答案、知道怎麼做才對的時候。

這時你要不斷告誡自己：克制自己，讓孩子自己去探索發現，給予孩子試錯的機會，這才是真正的愛。

不光是對待孩子，對待配偶也是如此。如果我們太熱衷於提出建議給配偶，以「我是正確的」為理由阻礙配偶的決定，久而久之，配偶就會感到失去了自由，也得不到尊重。很多夫妻間的情感裂痕，正是由此開始的。

當爸爸開始練習「克制自己提出建議」時，不光要對孩子如此，也要對孩子媽媽如此。

少提建議，多誇獎，是帶給他人快樂的最簡單的辦法。

■ 爸爸，可以誇獎我的努力嗎？

所有的孩子都非常在意自己在父母眼中的樣子！

甚至，孩子在父母眼中的樣子，會影響他們的未來。

孩子的天性是希望取悅父母、希望父母能夠開心的。尤其是平時不喜歡誇獎孩子的父親，如果讓孩子知道，他很讓爸爸驕傲，他的行為非常受爸爸的認可，就會帶給孩子加倍的動力。

誇獎孩子的祕訣是：事實、感受和對比。

◉ **事實**：描述你看到的事實。

◉ **感受**：描述你的感受。

◉ **對比**：描述孩子和他們過去行為的對比。

即使孩子的努力在我們看來可能很幼稚，我們也要認真地誇獎他的努力。

得到爸爸的認可，是孩子獲得外部世界認可的第一步。如果這第一步沒有完成，之後的認可也無從談起。

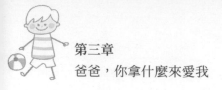
心理學研究證明，那些在童年獲得過爸爸認可的孩子，長大後會更自信，在建立和異性的關係方面也會更加游刃有餘。

而那些在童年沒有獲得父親認可的孩子，長大後往往會變得不自信且孤僻。

爸爸的回信：我讓孩子自己管理她的糖

終於我意識到，我對孩子管得太多了，一直像貓鼠遊戲那樣，她做錯事，我去糾正，這樣太累了。看了老師的回答，我忽然感到：也許錯的不是孩子，而是我們相處的這個模式。

那天在和孩子一起玩的時候，我對她說：「寶寶，讓我們來做一個遊戲吧。」

她立刻表現出很有興趣的樣子，問：「爸爸，我們玩什麼呢？」

我說：「這個遊戲的名字叫『管好你的糖』。爸爸覺得每次妳偷吃糖，爸爸都去抓妳的這個行為，這樣太累了。爸爸覺得妳是大孩子了，妳能管好自己。從今天起，爸爸決定讓妳來管自己的糖，妳想什麼時候吃，就什麼時候吃。」

我遞給她早就準備好的糖盒，裡面是一個星期的糖果。

我說：「這些是一個星期的量。妳可以自己決定什麼時候吃，一天吃多少。妳可以一天全吃完，但是那樣的話，接下來的一個星期妳就沒有糖果吃了，不過這些由妳決定。爸爸只有一個要求：吃完主動刷牙，好嗎？」

她說：「那我可以不用問你就吃嗎？」

我說：「可以。」

她說：「那我現在可以吃嗎？」

我說：「可以，妳吃吧。不用問我。」

　　她很高興地開啟盒子開始吃，我很想告訴她「妳現在吃完了今後可就沒有了」，我也想告訴她「別都吃完啊。」

　　但是我想到我應該該讓她自己管好自己，於是我轉身做別的去了。

　　出乎意料，過了一會兒她走到我面前，說：「我吃完了。」

　　我說：「好的。」

　　她說：「剩下的明天再吃。」

　　我說：「不錯。爸爸相信妳。」

　　她說：「我去刷牙了。」

　　她果然去刷牙了。接下來的幾天，我觀察到，她開始克制自己，想吃糖的時候就開啟盒子看看，並不真的吃。

　　我第一次意識到孩子原來是有自制力的。

　　之後我找了個機會跟她說：「爸爸發現妳最近做得很好，妳管自己的糖管得很成功。都4天了，糖果還沒吃完，真是有自制力的寶寶。換了別人家的寶寶，早就把糖吃完了，我們寶寶真厲害啊。」

　　她聽完我的話特別高興。

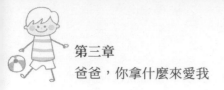
17.
爸爸，可不可以不要給我這麼大的壓力？

傳統的教育觀念認為，孩子應該從嚴管教，古人留下不少名言警句都表達了類似的意思，比如「棍棒底下出孝子」、「玉不琢不成器」等。這些理念經過千百年的時間已經深入人心。

尤其是爸爸們，受著「子不教，父之過」的傳統理念影響，認為自己必須對孩子嚴格管教，以防孩子長歪。

嚴格管教帶來的，是孩子們巨大的心理壓力。有的爸爸以為，現在對孩子越嚴厲，對他的未來越好，但事實真的如此嗎？

■ 爸爸，我也會有壓力

心理壓力並不是光成人有，孩子也有心理壓力，這些壓力主要來源於父母、學校老師、陌生環境、人際關係、學習成績。這些壓力透過四個方面在孩子身上表現出來：生理、行為、情緒以及個性。孩子在幼年時對社會環境接觸得較少，所以這個階段的壓力主要來自於家庭，包括家庭生活環境、父母之間的矛盾、父母對孩子過高的要求以及父母與孩子缺乏溝通等。

■ 壓力對孩子的負面影響

通常孩子有專門應對壓力的反應系統，但是當他們被憤怒的情緒所包圍時，壓力反應系統就失去了作用，導致孩子極度緊張，其結果很可能會導致孩子情緒崩潰，或者性格發生巨大變化。有人曾經這麼說：「要想讓一個孩子大腦出現問題，只需要每天讓父母揍他一頓就可以了。」

可見，壓力會給孩子造成多麼惡劣的影響。

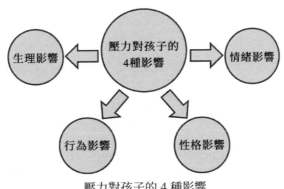

壓力對孩子的 4 種影響

- **生理影響**：壓力使孩子產生頭痛、胃痛、失眠等生理現象，還會使孩子的免疫力降低。
- **行為影響**：壓力使孩子不願與他人接觸，喜歡獨處，經常會有暴力行為，比如經常對周圍的夥伴拳腳相向。
- **情緒影響**：壓力使孩子的情緒波動較大，容易產生悲觀心理，對自己缺乏信心，對所有事情都缺乏興趣。
- **性格影響**：心理壓力會使孩子性格偏激，變得不合群。那些心理壓力巨大的孩子通常性格孤僻，考慮問題時思路狹窄。孩子的自我控制能力和辨識能力還未完全成熟，因此在這時對孩子施加壓力將會對孩子產生不良影響。

有個孩子患有嚴重的憂鬱症，非常內向。他是學畫畫的，就用自己的美工刀在手臂上割了很多刀。孩子媽媽很著急，問他為什麼要這樣做，他也不說。

後來他的媽媽帶他來上我的課。

上課到第 3 天時，我邀請這個孩子上講臺，和他做深度的交流。在我和這個孩子擁抱的時候，我才意識到他抱我的時候，一隻手臂是不動的。那隻手臂上，滿是傷痕。

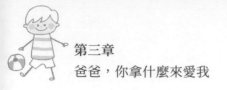
我就問他：「割的時候是什麼感覺？」

他回答我說：「很舒服啊。」

他說完這句話後，我感到了一陣寒意。這個孩子在手臂上割了三十多刀，那得多疼啊，而他竟然說：很舒服。

舒服，是因為肉體的疼痛，取代了精神上的疼痛，轉移了他內心的注意力。他會覺得「舒服」說明他內心的痛苦已經到了非常嚴重的地步。

這個孩子到底是因為什麼變成這樣的？

據我了解，出了大問題的孩子，都和爸爸脫不開關係。

這個孩子的爸爸性格非常暴躁，曾經和孩子叔叔打架，被孩子叔叔砍了十多刀。

他的爸爸在面對他的時候，總是一臉嚴苛和嚴肅的表情。

孩子的心靈世界就這樣被漠視了。最讓孩子受傷的是，孩子爸爸常常打他。

種種原因，造成了孩子現在的問題。

當孩子站在講臺前時，他對媽媽說：「媽媽，我讓妳擔心了，回去我一定改變。」

我一聽這句話，就明白這其實是表面上的話，就問孩子：「你準備怎麼改變？」

他說了一句話，讓他的媽媽悲痛不已。他說：「媽媽對不起。兒子長這麼大了，每次妳讓我陪妳出去散步，我都不去。回去以後，我把過去沒有給妳的時間，爸爸沒有給妳的時間，都補回來給妳。」

他的媽媽聽到這裡開始放聲大哭，但是此時，我還是不讓這個孩子下去。

因為問題的根源在孩子的爸爸那裡，只有改變孩子的爸爸才能徹底解決問題。

我對他們說：「你們回去的職責就是，一定要改變孩子的爸爸。」

母子兩人回去後，孩子媽媽和爸爸進行了長談，於是他們全家決定一起改變。孩子爸爸開始改變自己過去那種粗暴強硬的教育方式，並且花時間和妻兒交流。

媽媽呢，回到家裡的第一件事，就是把家裡的家具重新擺放，使家裡看起來煥然一新。這是一個儀式性的行為。

這個男孩開始變得很乖，他每天晚上吃完晚飯，都會陪著媽媽出去走一走，聊聊天。孩子媽媽對我說，他的改變太大了，有時甚至他自己待著的時候都會哼歌，這在以前是絕不會有的。

這個孩子現在很幸福，孩子媽媽還對我說，要帶孩子和孩子爸爸一起來看我。

雖然孩子成績還是上不去，但是他每天都很開心，他變得陽光了。孩子覺得快樂，比什麼都重要。

爸爸什麼時候會給孩子心理壓力？

需要轉嫁自己的壓力的時候

90%的爸爸正在將自己受到的壓力轉嫁給孩子！

為人父母不容易，在承擔撫養孩子的經濟壓力之外，還要受到來自方各面的壓力。這些壓力常常是「潤物細無聲」的。爸爸們身上的經濟壓力常常比媽媽們更大，爸爸肩負著賺錢養家的重任，同時又受著「子不教，父之過」的心理壓力，這使得他們往往對孩子的要求更嚴格，對孩子的錯誤更重視。有的爸爸平時對孩子很寬容，一旦孩子犯錯，馬上就緊張起來，擔心孩子因為自己的管教不嚴而變壞。

但有的爸爸並沒意識到自己正在承受壓力，也意識不到自己在把壓力轉嫁給孩子。

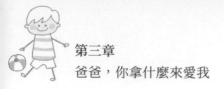

比如白天，爸爸在公司聽到同事的孩子考了第一，回家以後就會問自己孩子的成績，如果孩子的成績不理想（即使和平時的成績一樣），爸爸也會感到不愉快。

又如，當爸爸發現周圍的人都在幫孩子報補習班、鋼琴班、書法班時，往往也會幫自己的孩子報這些班。

有時爸爸們心裡很明白：其實沒什麼用，不是所有的孩子都有藝術天賦，也不是所有的孩子都需要學習藝術。但是他們就是無法承受「別人有的我沒有」這樣的心理壓力。

還有的爸爸會覺得，如果不幫孩子報這些班，自己就不是稱職的爸爸，這是另外一種心理壓力。

需要控制孩子的時候——

太多父母，把對孩子的監護權，理解成對孩子的控制權。

監護就是控制，控制就是監護——

在這種思想下，孩子沒有自己的自主權，沒有自己的隱私權，也沒有自己的空間。

爸爸對孩子嚴厲、限制、干涉、獨斷，帶給孩子的是巨大的心理壓力。

控制孩子為孩子帶來的心理壓力，要遠遠大於其他心理壓力。

嚴厲的控制為孩子帶來的是情緒壓抑、高度緊張和對他人的盲目順從。

那些選擇自殘和輕生的孩子，很多都曾經受到過父母的嚴格控制，他們感到沒有自己的空間，也沒有自主權，感受不到自由和快樂。

把孩子當成自己的延續和替身的時候——

有的爸爸把子女當成自己生命的延續，自己實現不了的願望，就期望

孩子能夠替代自己完成。

沒有考上名牌大學的爸爸期望孩子替自己考名牌大學，有軍官夢的爸爸則希望孩子能夠代替自己成為一名軍人，想成為醫生又沒有成功的爸爸往往期望孩子替自己完成醫生夢。

這種行為在心理學上叫做投射，爸爸把自己的影子投射到孩子身上，忽略了孩子的願望和需求。

需要發洩情緒的時候 ——

發洩情緒，把孩子當成情緒垃圾桶的行為很多父母都有。但是爸爸們平時發洩情緒的管道比媽媽們更少，因此爸爸就更容易把情緒發洩到孩子身上。

即使有時爸爸們心裡明白自己是在拿孩子出氣，但還是控制不了自己的行為。孩子處於弱勢，而父母處於強勢，所以孩子總是成為父母發洩的對象，成為父母情緒的犧牲品。

那麼應該如何改善呢？

爸爸，你可以控制自己的私欲嗎？

世界上沒有完美的人，更不會因為成為父母就變成完美的人。承認這一點，承認自己也有私欲，並努力控制自己不要為了滿足自己的私欲而把壓力轉嫁給孩子。

爸爸，你可以少問些問題嗎？

不斷問孩子各種問題，其實是變相地左右孩子的決定，使孩子沒有獨立空間。

為什麼爸爸們如此沒有安全感，需要靠不斷問問題去掌握孩子的動態和行為呢？

當孩子興趣盎然地在探索時，聽到爸爸們問：「你做得怎麼樣了？」

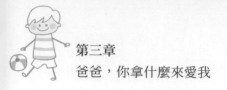
「認為你還能做得更好嗎？」「需要爸爸幫助你嗎？」他們還有興趣去探索嗎？

盡量少問問題，給孩子更大的空間。即使不得不問，也要圍繞孩子的行動本身：「爸爸覺得你做得好棒！能給爸爸解釋解釋嗎？」

爸爸，你可以給我「適量」的壓力嗎？

給予孩子「適量」的壓力，能夠提高孩子的抗壓能力。

1990 年代，有心理學家透過對孩子長期觀察，發現有些孩子在經歷超出其本身能夠承受的壓力之後，並沒有對其以後生活產生明顯的負面影響。他們相對其他兒童，具備更好的抗壓能力和心理彈性。

這些孩子具備這樣的特徵：他們在童年都獲得了父母完整的愛，父母對他們嚴寬有度，在他們犯錯時會批評，但不至於苛刻。在成長過程中，他們受到了適中的壓力，並且在父母的幫助下，很好地化解了這種壓力，最終形成了優秀的抗壓能力。

所以我覺得，在我們的家庭當中，爸爸的改變太重要了！任何一個家庭，都離不開爸爸。爸爸影響的，是孩子的精神世界。

為什麼現在孩子的內心那麼脆弱？他們常常自殺、自殘，不善於處理關係：不管是和父母的關係，還是和朋友的關係，和上司的關係。這和他們的爸爸息息相關，爸爸沒有幫助孩子建立起良好的精神世界，他們的心靈、信仰都是缺失的。

18.
爸爸，你打我，其實我不怪你

我對打孩子的定義是：使用暴力的手段對孩子進行懲罰。暴力手段分為冷暴力和身體上的傷害，透過這兩種方式讓孩子受到身體上的疼痛或者心理上的傷害。

很多爸爸覺得：小孩就是必須打，不打不成器。所以常常使用暴力手段解決問題。

不過在很多情況下，孩子會理解爸爸打自己的行為。

爸爸，我知道你打我是為了我好 ——

通常只有孩子犯錯的時候，爸爸才會打孩子。打孩子，也是為了孩子好，希望孩子能夠學好，怕孩子走上歪路。

當孩子犯錯又很難管教時，爸爸就會產生很大的壓力和焦慮，為了發洩這種壓力，爸爸就會打孩子，對孩子來說，其實他是明白的。

一個已婚已育男人，身上往往有多重壓力，有撫育子女的壓力、經濟的壓力、工作的壓力、夫妻關係的壓力⋯⋯

所以有時，爸爸面對孩子的時候，會感覺特別的無力。想快速地解決問題，往往就只能選擇打孩子。

玉不琢不成器，所以爸爸們即使心疼孩子，即使打孩子時，自己比孩子還難受，但是仍然會採取這種粗暴的手段去教育孩子。

孩子了解家長對自己的期望，往往長大後就能理解父母的行為。但是雖然「打孩子」這個行為是可以被孩子原諒的，我們就可以隨便打孩子嗎？

答案是：不可以。即使孩子可以理解爸爸打自己，這種行為仍然會對孩子造成負面影響。

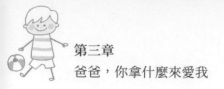
孩子受到暴力對待後，可能會產生的負面影響有以下幾種：

爸爸，你知不知道，打我，其實是剝奪了我自我反省的機會 ──

用暴力手段懲罰孩子，往往會讓孩子的自省能力喪失。

當孩子經常受到暴力對待時，對於做錯事的行為就很難有愧疚感，因為頻繁的暴力懲罰在相當程度上將孩子的愧疚感降低了，所以暴力給孩子帶來的是自我反省能力的喪失。

爸爸，假如你總是透過打我解決問題，我也會跟著你學 ──

如果一個家庭中，父母喜歡用暴力手段解決問題，那麼孩子也會受父母的影響，用暴力解決問題。

當孩子在與其他人相處遇到問題時，就會學習父母的處理問題方式。（當父母因為同樣的事情而多次對孩子進行暴力懲罰時，那麼今後孩子碰到這類事情時就會產生負面的情緒。比如孩子因為沒有將自己的書桌收拾乾淨而多次受到暴力懲罰，那麼今後當他看見周圍的人沒有將書桌收拾乾淨時就會產生不滿情緒，特別是對親近的人，比如自己的配偶或者是自己的孩子。）

爸爸，經常遭受體罰，會使我失去控制和溝通情感的能力 ──

如果孩子在幼兒或少年時期經常受到情緒失控的對待，那麼在成年之後，很可能會在情緒控制以及溝通感知能力方面出現問題。比較常見的就是無法控制自己的情緒，易怒，不願與他人進行情感溝通。所以在孩子幼兒時期，父母要非常重視自己的情緒控制，這將對孩子今後的成長產生重要的影響。

你打我，會使我失去安全感 ──

此外，對孩子進行暴力懲罰還會讓孩子失去安全感並產生敵對意識。這兩點會對孩子今後的成長影響很大，所以，想要教育好孩子，父母必須

先嚴格要求自己。

　　通常，使用暴力懲罰孩子的父母，其對孩子的態度會走向兩個極端：一是平時放任不管，不去理會，一旦孩子犯錯就用暴力懲罰孩子；二是經常用暴力懲罰孩子。

　　如果在孩子小的時候，鼓勵或者說服的手段很少被使用，隨著孩子年齡的增長，其對於鼓勵和說服手段就不能很好地感知。

　　這樣就形成了惡性循環，父母最後只能不去管孩子，或者使用更激烈的手段去懲罰孩子。

　　爸爸，我需要你學會克制自己的情緒，要科學地使用體罰。

　　有一位爸爸發現，理性使用體罰不僅能杜絕孩子的壞行為，還能增進親子情感。他的做法是：

　　第一，孩子是否發自內心地認為自己錯了，是否願意接受懲罰，如果願意那代表他的心理是可以承受的；

　　第二，體罰僅僅侷限於打手或屁股，不可以有搧耳光、用腳踹等暴力動作；

　　第三，在體罰時不可以帶有憤怒的表情，否則會讓孩子誤認為爸爸媽媽不愛他了；

　　第四，90%以上的體罰是針對約定過的錯誤行為，比如玩遊戲過度、惡性撒謊、過激行為等，一般在家規家訓中會展現出來；

　　第五，體罰結束後，一定要表達內心的關懷，包括身體上的安撫，比如有位爸爸說：「寶貝，打你的時候爸爸其實很難過，你疼在手上，爸爸疼在心裡，可是爸爸又不想破壞我們的約定。看到你犯這樣的錯誤爸爸擔心你記不住，所以不得不這麼做，但是爸爸相信你以後一定能做到，爸爸希望這是最後一次打你，因為慢慢的你就能自己管好自己了！」

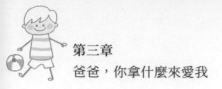
任何人都不可能時刻保持理性，情緒失控是所有人都會有的經歷，但有一部分人自我控制能力欠缺，非常容易情緒失控，但並不能因為情緒失控是所有人都會犯的錯就認為這是一種不需要關注的行為。

第四章
為什麼會這樣

　　每個家庭中，每天都能聽到無數個「為什麼」。

　　孩子會問：爸爸媽媽，為什麼你們要吵架？

　　爸爸媽媽的疑問則更多：為什麼我的孩子「變」了？為什麼我的孩子不懂得心疼大人？為什麼我的孩子養成了「壞習慣」？為什麼孩子越來越不愛讀書？為什麼孩子學會了撒謊？為什麼孩子開始「偷錢」？

　　在孩子成長的道路上，有無數個「為什麼」，比「為什麼」更關鍵的是，為人父母，我們應如何面對和處理這些「為什麼」。

19.
爸爸媽媽，為什麼你們要吵架？

■ 夫妻關係對孩子的影響

父母之間的感情對孩子所產生的影響非常大，孩子今後的擇偶以及婚姻都會受到父母之間關係的影響。這對孩子的影響是潛移默化的，比很多言語行為更重要。

照顧孩子是一件需要耗費大量時間和精力的事情，不光人類如此，絕大多數生物也是這樣。想成為一個合格的母親是非常辛苦的。所以我建議在家庭生活中，家人一定要給予母親足夠的支持和幫助，讓母親能夠有充足的休息時間。無論是在動物界還是在人類當中，都有母親因為撫養孩子壓力過大，而將孩子殺死的事情。而如果家人能夠給予孩子母親足夠的關心，就能夠大大降低這種悲劇發生的機率。

因為大多數時間都是母親陪伴著孩子成長，所以孩子會將母親當作學習的對象，今後為人處世的方式也都以母親為參照。如果孩子的父母經常互相攻擊，那麼他們的孩子今後的婚姻也很可能會出現同樣的情況，反過來也是如此。

學會善待自己的配偶，這其實是最有效的使孩子未來婚姻幸福的方法。

■ 不要讓親子關係凌駕於夫妻關係之上

就像《虎媽貓爸》裡，虎媽把全部精力放在孩子身上，對丈夫漠不關心，使得丈夫感覺自己被忽視了，因而使夫妻關係產生了裂痕。

在這種親子關係重於夫妻關係的家庭中，孩子也會感到莫大的壓力。如果父母關係不和睦，即使父母再疼愛孩子，孩子也會沒有安全感。孩子

對父母關係是否和諧是非常敏感的，但是很多父母忽視了這一點。尤其是孩子的母親，常常是有了孩子就一心關注在孩子身上，以致忽視了自己，也忽視了丈夫。

■ 被孩子看到我們吵架怎麼辦？

我常常對父母們說，不要當著孩子的面吵架，既不要當著孩子的面爭論問題，也不要當著孩子的面說別人的壞話。無論是涉及親友，還是鄰居的壞話，都不要讓孩子聽到。

你要記住，孩子聽到的每一句話都會對他產生影響。父母之間的每一次爭吵都會對孩子的內心帶來傷痕。

如果孩子撞見父母吵架，或者父母吵得太厲害，沒有辦法隱瞞孩子，這時候該怎麼辦呢？

正確的做法是告訴孩子：

爸爸媽媽之間的爭吵是非常正常的；

爸爸媽媽之間也會有分歧，這種分歧往往不是因為誰對誰錯，但是分歧就是存在；

有時為了解決分歧，爸爸媽媽只能採取爭吵的方式；

爭吵是不對的，爸爸媽媽沒能克制好自己，對不起；

爸爸媽媽之間的爭吵和你沒關係，絕不是因為你不乖，也不是因為你做得不好；

爭吵是爸爸媽媽自己的事情；

爸爸媽媽之間的爭吵，絕不會影響爸爸媽媽相愛；

爸爸媽媽之間的爭吵，也不會影響爸爸媽媽對你的愛。

當孩子獲得了足夠的安全感時，偶爾看到父母之間的爭吵也就不會大

驚小怪了，這種爭吵不會給他的內心帶來傷痕。當一個孩子有了足夠的安全感時，他才會主動去溫暖別人。你會發現，自己的孩子開始以聰明的方式去阻止父母之間的爭吵，去黏合父母之間的感情。

■ 爸爸媽媽之間盡量減少爭吵

　　如果爸爸媽媽總是因為意見不一致而爭吵，就會使孩子喪失安全感，同時也會降低父母在孩子心目中的權威性。孩子會想：

　　他們自己都管不好，還想管我？

　　兩個大人都沒有任何的自控能力。

　　像小孩子。

　　這樣的話，孩子很難繼續保持對父母的尊重，同時會對婚姻產生懷疑。所以，爸爸媽媽不管在何時，都應該控制好自己的情緒，盡量不在孩子面前爭吵。

20.
為什麼我的孩子不懂得心疼大人？

爸爸的來信：為什麼我的孩子這麼自私

自私自利的孩子能改變嗎？

我的女兒小花今年 5 歲，正是上幼稚園的年齡，我一直以為她是無憂無慮的，在我和她媽媽的精心呵護下成長。我常年外派，孩子的媽媽是工廠的工人，平時工作很忙，我們兩個都覺得虧欠了孩子，因此對孩子非常溺愛，這使她養成了自私自利、只顧自己的性格。

今年 5 月，我終於獲批了長假，可以休息一個月。這一個月裡，我帶著孩子去了很多好玩的地方，但是在和孩子相處的時候，我發現了問題。

在家的時候，媽媽收拾屋子，洗菜做飯，忙成一團，孩子除了做作業就是看電視，對辛勞的媽媽視而不見。

要吃飯的時候，媽媽不小心把一盆菜打翻了，就在孩子的面前，但是她看也不看，任憑我們忙前忙後地收拾。

週六，我帶孩子去公園玩。我感覺口渴想喝水，而瓶子裡的水只有一點兒了，我把瓶子打開正準備喝的時候，剛剛才喝完水的孩子竟然一把將瓶子搶走了，她說：「這是我的水，爸爸不許喝！」

我說：「可是爸爸渴了啊。」

小花說：「不，我的水不許爸爸喝。」

開始我很生氣，想打孩子，但是轉念一想，打孩子不能從本質上解決問題。孩子這麼自私，還是自己平時教育得不夠。

怎麼才能讓小花變得和其他孩子一樣知道心疼父母呢？

愛的潛能需要培養嗎？

好像不需要，看起來我們天生就會愛人，小時候我們愛自己的父母，長大後我們愛自己的愛人，有了孩子之後，我們更把全部的愛都獻給了孩子。

可是，如果愛不需要培養，為什麼有的孩子充滿愛心和責任心，時時考慮他人，會心疼大人的辛苦和付出，而有的孩子卻我行我素，從來看不到父母和他人的辛苦呢？

是孩子的本質有區別嗎？

當然不是。問題在於，孩子覺得你是否需要他的愛。

關鍵是要讓孩子看到父母的需要，讓孩子意識到父母並不是無所不能的，父母也是需要別人的愛護和幫助的，父母也會累會疼，也是需要「愛」的。

每個孩子都有愛的巨大的潛能，但是如果不去主動激發它，潛能永遠只是潛能，而不能成為能力。

要知道，愛的潛能固然是天生的，但是也需要父母的引領和培養。

只有我們用心去澆灌一朵叫做愛的花，它才能在孩子的心裡茁壯成長。

■ 我讓孩子看到，我也是需要「愛」的

激發孩子愛的潛能，首先要讓孩子看到，爸爸媽媽也是需要愛和關心的。

在《爸爸去哪兒》這檔節目中，林志穎的孩子 Kimi 常說：「爸爸是超人。」一開始大家都認為 Kimi 是個沒長大、只知道玩的孩子，遠不如同齡的其他孩子懂事機靈。

但是從一個細節裡，大家發現這個孩子其實很懂事。那時候村長問

Kimi：「給你 3 個選項：你是希望爸爸多回家陪陪你，還是希望爸爸多給你帶玩具，還是希望爸爸多陪陪你媽媽？」

小小的 Kimi 開始不停地揉臉，顯然他的內心在鬥爭和掙扎，最終 Kimi 說：「我希望爸爸多陪陪媽媽。」

那個細節感動了無數人，為什麼只有 4 歲的 Kimi 能夠說出這樣的話？

顯而易見，是 Kimi 媽媽的孤獨被 Kimi 看到了，Kimi 媽媽需要爸爸的愛和陪伴這件事也被 Kimi 看到了，所以 Kimi 才會放棄選擇「愛自己」（選擇爸爸陪自己或者多給自己買玩具），而選擇了「愛媽媽」這個選項。

只有孩子意識到父母也是需要愛和保護的，父母也是會感到累的，孩子才會主動去愛父母，幫父母承擔責任。

■ 我要試著用引導去代替指責

不要因為孩子的自私自利而指責他，而要用行動去引導他。

孩子是懵懂的，他們並不知道自己的行為意味著什麼，如果你看到孩子自私的行為，一味地指責甚至打罵，不僅不會使孩子了解到自己的錯，反而會引起孩子的反叛心理。

■ 我給予孩子表現「愛」的機會

當你覺得孩子不會愛人時，可能是你沒有給孩子愛的機會。在孩子的心裡，父母都是無所不能的。大多數孩子都認為父母是超人，是付出愛的人，而不是需要自己用行動給予他們愛的人。

孩子不是不愛你，是沒有機會愛你。

孩子也不是沒有愛的潛能，是你沒有給予孩子開發潛能的機會。如果你的孩子不會關心別人，只關心自己，那麼你是不是該反省下，自己有沒有給孩子這個機會呢？

■ 每次孩子表現出愛，我都要予以回應和鼓勵

人人都需要回報，孩子更是如此。當孩子表現出愛，他需要的回報可能不是物質獎勵，也不是你的親吻，而是一句：「寶貝你真懂事，會心疼爸媽了。爸媽為你驕傲。」

當孩子確信自己的付出被看到和認可後，他會加倍地付出。

如果你的孩子對你表現出愛和關心，只得到你冷漠的回應，他不會認為你是感動在心裡，也不會認為你是太累了沒有心思去鼓勵他，他只會認為自己的付出是不受歡迎的。

孩子的心思是敏感的，孩子愛的潛能尤其敏感，需要你全方位的呵護和培育。但是辛苦的付出一定不會白費，只要你用心澆灌，一定能得到愛的回報。

爸爸的回信：原來孩子可以這麼懂事

我在得到詹老師的指點後，回家和孩子媽媽偷偷召開了家庭會議，制定出了一系列方案。為了對付這個小人兒我可沒少花費腦細胞。

第二天，媽媽提著買好的菜進家門時，孩子在沙發上看電視，絲毫沒有過來幫媽媽的意思。

我連忙使眼色給孩子媽媽，她心領神會，一邊大叫：「哎呀，好重，我拎不動了！」一邊假裝要倒地。

我看見孩子的注意力被吸引過去了，她緊緊盯著要摔倒的媽媽。

媽媽看到孩子的反應，心一橫，真的摔倒在地。這下媽媽的眼淚都要下來了，孩子馬上從沙發上跳起來，跑過去問：「媽媽你怎麼了？」

看見孩子起來我很欣慰，她並不是真的不關心媽媽。

孩子媽媽坐在地上，半真半假地哭了起來：「媽媽摔倒了，菜太重了，媽媽拎不動。」

孩子說：「媽媽，我幫妳拎。」

媽媽一邊假裝抹眼淚一邊說：「媽媽的腿好疼，不能再照顧妳，做飯給妳吃了。」

孩子伸出小手一邊幫媽媽揉腿，一邊說：「沒關係，我幫媽媽做飯。」

於是我和孩子把「摔傷」的媽媽扶到了床上，讓她休息。孩子媽媽躺在床上，我看著她，她看著我，我們不知道怎麼辦了。我把心一橫，趁孩子不注意的時候，偷偷地掐了她媽媽一把。

孩子媽媽「哎喲」一聲。

孩子立刻關切地問：「媽媽你怎麼了啊？」

我就說：「媽媽腿好疼，需要抹藥啊。」

孩子說：「哪有藥啊？」

我說：「我們家沒有，必須去買。」

孩子就說：「藥局在哪裡，我去買。」

我點點頭說：「社區對面就是，你拿著這200塊錢去買藥，告訴藥局的店員你要買痠痛藥膏。」

孩子說：「好的。我這就去。」

從來不會幫爸爸媽媽買東西的孩子出門了，我連忙跟上，我當然不會讓5歲的女兒自己出去，而是悄悄地尾隨在她後面。

我就這樣看著她順利地把痠痛藥膏買回了家，孩子還親手把藥膏抹在了媽媽的腿上。

我看她抹完藥，一副很開心的樣子，我就說：「媽媽受傷了，沒辦法做飯了，怎麼辦呢？」

這時孩子說：「那我能做飯嗎？爸爸我來幫媽媽做飯。」

我說：「好的，妳做飯，我來當助手。」

於是，我就指導孩子做飯，一會兒淘米，一會兒洗菜，忙得不亦樂乎。

我看著孩子忙前忙後，心裡特別欣慰：這孩子平時可是連醬油瓶子倒了都不會扶的，這會兒竟然會幫爸爸媽媽做飯了。

最後飯勉強做好了，雖然不怎麼好吃，但是我們 3 個人幾乎都吃光了。

吃完飯、洗完碗，我和孩子一起坐在沙發上看電視，我無意說：「哎呀，好渴。」

沒想到孩子馬上到桌子邊，倒了一杯水給我，說：「爸爸，喝水。」

我真的非常欣慰。原來孩子不是我想像得那樣自私，而是我沒給過她這種機會。以後我一定多給孩子機會關心爸爸媽媽。

為什麼每個孩子都在吸收父母的行為？

我們常常說：父母是孩子最好的老師。事實上，父母是孩子上學前唯一的老師，是孩子成年前最重要的老師。

一個孩子的行為習慣、性情、品德、教養，無一不和父母的行為息息相關。

父母常常會用完美作為標準去要求孩子，希望孩子方方面面都能夠出類拔萃，但是他們看不到自己的行為。

■ 父母做什麼，孩子學什麼

沒有爸爸媽媽希望自己的孩子說謊，當孩子出現說謊的行為，父母往往會非常緊張。但是重要的是：身為爸爸媽媽，你有沒有說謊？孩子的其他長輩有沒有說謊？

我常常看到的現象是，當大人和孩子相處時，一旦孩子的需求和大人的願望相違背時，大人往往會採取欺騙和敷衍的方式，使孩子認同自己的願望。

例如，孩子想要去公園玩，央求大人帶自己去。大人明明能夠透過講道理的方式，告訴孩子今天不能去，但是卻覺得太麻煩了，孩子也未必能理解，就對孩子說謊：「今天公園都放假了。」

欺騙孩子只需要一句話，和孩子講道理卻要費半天口舌。

一次兩次，孩子可能會被蒙蔽。但是時間長了，孩子總會發現大人在欺騙和敷衍自己。孩子會從大人身上學到：在這個世界上，原來可以透過欺騙達到目的。

　　慢慢的，他遇到不想做的事情時，也會學著大人，採取欺騙的方式簡單粗暴地去解決。

■ 失去信任，是從大人不講道理開始的

　　我發現，所有的家長都要求孩子講道理，但是最先不講道理的，往往是大人。

　　比如，當你對孩子說了一個謊，在被孩子戳穿的時候，你是如何面對孩子的呢？

　　是坦誠地承認、真誠地道歉，還是繼續粉飾，甚至惱羞成怒？

　　注意，你的每個行為都在為孩子做榜樣。

　　讓我們模擬一下以下對話：

　　「我想去公園。」

　　「今天是禮拜天，公園今天關門哦。」

　　「你騙人！公園禮拜天不關門。」

　　「我說關門就關門！」

　　「公園明明沒關門！」

　　「沒關門也不帶你去！」

　　在這段對話中，孩子會學到什麼？他會學會欺騙，學會做錯事不道歉，學會不講理地處理事情。這些，都是從這短短的對話中學到的。

　　當大人開始不講理時，也是孩子對大人失去信任的開始。

■ 你是否忽視了自己平時的行為？

　　大人的每個行為，孩子都會看在眼裡。不要以為孩子什麼都不懂。

　　有個媽媽對我說，她的孩子在日記裡這樣寫道：「我媽媽是世界上最虛偽的人，她當著倩倩媽媽的面說她漂亮，會教育孩子，但是倩倩媽媽不

在的時候，媽媽就不斷說倩倩媽媽的壞話，不僅說給爸爸聽，說給奶奶聽，還說給隔壁的阿姨聽。」

這位媽媽非常傷心，問我該怎麼辦。

我說：「你的一言一行孩子都看在眼裡。如果你能向孩子承認你的行為是錯誤的，在別人背後說壞話是不對的，孩子才能改變對你的看法。」

教育孩子，無非是言傳身教。有時，身教的影響力，要遠勝於言傳。你的行為，會對孩子產生潛移默化的影響。

如果你是個光明磊落的人，孩子自然會模仿你的行事風格和品德。如果你平時就人前一面、人後一面，斤斤計較、懶惰任性，又怎麼能教育出教養良好的孩子呢？

22.

為什麼孩子越來越不愛學習？

根據我觀察，孩子學習不好、習慣不好，往往只有一個核心原因：分心。

是什麼導致孩子在學習上分心的？

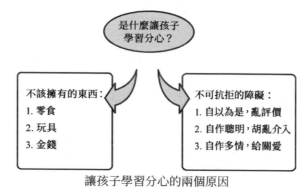

讓孩子學習分心的兩個原因

1. 你讓孩子在學習期間擁有了不該擁有的東西；
2. 孩子在學習的過程中遇到了不可抗拒的障礙。

■ 不該擁有的東西讓孩子分心

有的家長擔心孩子在學校會餓著，就讓他帶小零食，到學校去吃，還有的家長特為孩子準備了一個小包，裡面全是吃的和喝的，孩子有了零食就想吃，上課還怎麼集中精神呢？

現在的學校除了有午餐，還有上午和下午的加餐，就是怕孩子因為餓而影響長身體和學習，所以家長額外給孩子帶吃的是完全沒必要的。

還有的家長會讓孩子帶玩具，這也會讓孩子分心，帶玩具的習慣往往是在幼兒園養成的。有了玩具孩子就會惦記玩具，怎麼專心學習？

另外，如果家長缺乏對孩子的關注，導致孩子營養不良，因而產生神經性衰弱，他也會分心；如果孩子的精神世界被忽視，也會導致他分心。

■ 你是否為孩子製造了不可抗拒的阻礙？

家長如果犯了以下 3 個方面的錯誤也會導致孩子分心：

1. 自以為是，亂評價；
2. 自作聰明，胡亂介入；
3. 自作多情，給關愛。

阻礙 1：自以為是，亂評價

家長隨意地、主觀地對孩子做出負面評價，對孩子的心理傷害是非常大的。孩子的內心世界是非常單純和脆弱的，每一句話都可能為他帶來傷害。家長常常會忽視或者低估這種傷害的威力。

曾經有一個小朋友，在剛剛開始上學的時候，成績非常好，他小學一年級上學期期末考試國文 99 分，數學 100 分。這個小朋友上課的時候總是很專注地聽講，他也覺得讀書是件很有意思的事。家長和老師都說這是個不錯的孩子。

直到有一天，這個小孩在外婆家吃午飯，午飯後去上學，小孩的叔叔嬸嬸怕他下午餓，就在他的口袋裡裝了很多花生。

小孩上國文課上到一半，忽然想起來自己口袋裡還有花生，於是就偷偷摸出花生來吃。吃了第一顆、第二顆、第三顆，他的注意力完全被花生吸引了。花生嚼爛了，變成了糊糊，他覺得很有意思，把舌頭吐出來給同學看。

這時上課的老師發現了，生氣的老師把他叫到跟前，把他手裡的花生扔了一地，還打了他。

你看到這裡肯定意識到：這個老師太過分了，怎麼能這樣對孩子？

確實，現在的家長都能意識到體罰孩子是錯誤的，但是在那時，沒有人替這個孩子說話。

這件事為這個孩子帶來了很深的傷害，從此以後，這個孩子就得到了一個評價：「沒有見過你這樣的孩子。」

人們開始對這個孩子進行負面評價。最開始對孩子進行這樣評價的是國文老師，而後是數學老師，再後來是孩子的父母。

因為孩子得到的負面評價越來越多，他的成績也開始直線下滑。起初他的國文還能考到 60 分，數學還能考到 70 分，但是隨著獲得的負面評價越來越多，家長越來越著急，他的成績也越來越差。

從一年級的下學期開始，一直到小學六年級，這個孩子的成績始終是班上倒數幾名。

這個孩子是誰？這個孩子的名字叫詹惠元，就是我。

當我長大，能夠很冷靜地回憶過去的時候，我才知道這一切是因為什麼。我的厄運、我的惡夢都是從那幾顆花生開始的。

如果一開始叔叔嬸嬸沒有往我口袋裡放花生；

如果我上課的時候沒有忽然想起來口袋裡還有花生；

如果我吃花生的時候沒有出於好奇把糊糊吐出來給同學看；

如果國文老師當時克制住了怒火，沒有打我；

如果他打我之後，沒有隨意對我進行負面評價，其他的老師、我的爸爸媽媽也沒有對我失望、對我進行負面地評價……

那麼一切可能就不是後來那樣了。

但是人生沒有如果。如果不想同樣的悲劇發生在你的孩子身上，那麼謹記，不要隨意地對孩子做出負面評價。

孩子只是好奇，只是不懂事，如果你能鼓勵他改正，他一定願意聽你的話。但是很多家長都犯了這樣的錯誤，我常常聽到家長這樣評價他們的孩子：「他就是話特別多，老師都說沒有見過這樣的孩子，廢話那麼多……」「他就是想玩，為什麼別人都能好好學習他卻不能？他非要在上課的時候看外面，非要上課的時候發呆……」「這孩子沒救了……」「這孩子一點兒也不懂得心疼大人，跟別人的孩子沒法比……」

這些話在說出口的時候，就決定了孩子的命運。

阻礙 2：自作聰明，胡亂介入

讓孩子自主學習、獨立學習，家長不要胡亂介入孩子的學習。輔導孩子讀書的時候，也要注意態度和方式方法。

有的家長總是想「幫助」孩子，但是往往只能造成反效果。孩子不會的題目你馬上教他，剝奪的是他獨立思考的機會。

孩子不會寫的作文你教他寫，剝奪的是他的創造力。

阻礙 3：自作多情，給關愛

父母不知道孩子需要什麼，就自作多情地認為孩子會需要「什麼」，給出自以為是的關愛，給孩子零食、帶孩子玩、給孩子零用錢，美其名曰「關心孩子」，但是常常只造成反效果。

■ 讓孩子在學習中感到快樂、自信和成功

讓孩子熱愛讀書的唯一方法就是讓他在學習中感受到快樂、自信和成功。人都是趨利避害的動物，兩害相衡取其輕，兩利相衡取其重，而人的所有行為最終都是以快樂為導向的，即以逃離痛苦為導向。

所以在這一前提下，孩子的學業成績肯定會好。常常有小孩考試考得

不好，比如考了 75 分，家長就會說：「怎麼才考 75 分啊，那 25 分是怎麼丟的？我像你這麼大的時候可沒有考過這麼低的分數。來來來，我教你這道題……」

這個時候，家長一定沒有注意到，自己正在剝奪孩子學習的快樂感。

正確的做法是誇獎，並讓孩子自己去提高：「哎呀考了 75 分啊，讓我看看。嗯，是錯了幾道題，不過我發現有道題好難啊，你竟然做對了。你真是太棒了，我覺得你很有潛力，只要你把不會的部分補足了，一定沒問題的！」

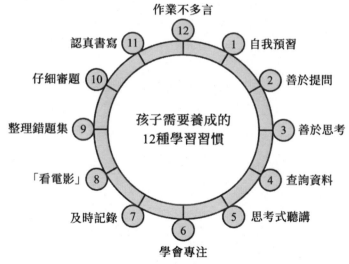

孩子需要養成的 12 種學習習慣

那麼，培養良好的學習習慣應該從哪個方向入手呢？第一要幫助他養成學習的獨立性；第二要養成學習的專注性。這兩者就是兩個方向。

孩子的課業永遠是家長最關心的事，但是孩子的學習習慣到底應該如何去養成呢？

在我的訓練營中，加強訓練和培養的就是孩子的這 12 個學習習慣。

只要這 12 個學習習慣養成了，孩子的成績一定會好起來。

如何養成這樣的學習習慣？

答案是培養孩子學習的獨立性。

據我所知，有相當多的家長會幫孩子檢查作業，有時家長不主動提出檢查，孩子也會把寫完的作業交給大人，讓大人幫著檢視有沒有錯誤。

那麼家長應該幫助孩子檢查作業嗎？

答案是否定的。家長幫助孩子檢查作業，其實是在妨礙孩子獨立學習。即使最愛學習的孩子，一想到寫完作業大人會幫助自己檢查，都會變得粗心大意。以致在孩子心裡，寫作業就成了一件不需要自己獨立完成的事情，而是有父母幫助自己完成的事情。

那些從小學開始，所有作業都由家長檢查並幫助完善的孩子，到了國中，學業成績往往不會那麼有動力。

家長幫助孩子檢查作業，其實是使孩子不能夠投入 100% 的精力和專注力在作業上。有的家長會說：「如果我不檢查，孩子寫作業老是錯怎麼辦？」

孩子寫作業老是錯，一方面是因為孩子想到有家長幫助自己檢查，就沒有專注、細心地去做；另一方面是孩子的學習能力還沒到那個程度。所以家長就更應該讓孩子獨立學習了。

當孩子讓你去幫他檢查作業時，你可以直接告訴他：「你認為全部都做對了，就不用檢查了，你認為有一兩道題可能做錯了，就自己再多看一眼！媽媽相信你絕對具有自我檢查的能力。」這樣就 OK 了。

為什麼我止不住他的謊言？

爸爸的來信：為什麼我的孩子總是喜歡編造一些沒有發生的事情來獲得關注？

我的女兒今年 8 歲，性格開朗外向，很像她媽媽。孩子在學業上很努力，但是可能因天賦所限，在班裡始終排在十幾名，好的話能考進前十名。

最近我發現，孩子經常對我們撒謊。雖然考不好我們也不會怪她，但還是對我們謊報成績。

昨天我送她去爺爺奶奶家，吃飯的時候爺爺奶奶問她學業怎麼樣。

她回答了兩句，最後說：「今天我數學考了 100 分。」

我很驚訝，因為我知道孩子今天根本沒有考試。吃飯後我打電話給她的班主任，旁敲側擊地問了問，果然證實了今天沒有進行數學測驗。

我到底該不該揭穿孩子？是什麼讓她要透過撒謊來博取大家的關注呢？

每一個小孩在出生之前都是靠一根傳送營養的臍帶和媽媽連繫。透過臍帶傳送來的營養，胎兒在媽媽的肚子裡慢慢地健康成長，最終被分娩而出，醫生把臍帶剪斷了。

而孩子在出生後，仍然和爸爸媽媽緊密連繫著，如果說在媽媽肚子裡，孩子靠的是有形的臍帶，那麼孩子出生後，靠的就是無形的臍帶。

父母和孩子之間有很多根無形的臍帶，對孩子的思想、價值觀、信念以及精神世界都形成了非常重要的資訊傳遞作用。所以，身為父母，一定要用一雙睿智的眼睛去看到這些和孩子之間的無形的臍帶。

很多父母都為孩子說謊而煩惱，孩子說謊的機率是多少？要我說，98%的孩子都會說謊，剩下2%不說謊的孩子，只是還沒有找到機會。

每次家長問我：「孩子說謊怎麼辦？」

我都會反問：「那你說過謊嗎？你平時會說謊嗎？」

家長往往會露出不好意思的表情。

孩子說謊的行為，既是一種很正常的行為，也是一種難以根治的頑疾。如果你的孩子習慣性說謊，必須要把這個毛病治好，這需要一些智慧以及耐心 —— 父母必須去觀察孩子，去思考對策，才能徹底了解如何根治這個毛病。

如果你的孩子有說謊的行為，你首先要做的就是回憶一下：孩子第一次說謊是什麼時候？是因為什麼？在哪件事上孩子說謊最多？他說謊的目的是什麼？

我總結出了孩子說謊的七大類型：

■ 類型1：想像型

孩子最開始發育右腦、訓練右腦的時候，會條件反射地說一些謊言，往往表現為創造出一些現實中沒有的東西 —— 在大人看來這是謊言，但是對小孩來說，這是大腦發育過程中的一個正常過程。

在生活的體驗中，如果孩子想要創造，他會說出一些現實中沒有的東西，也會說一些沒有發生過的事情，但是這些事情又不是完全地無中生有。比如一個上幼稚園的小朋友，他說出來的內容有可能是班上小朋友偶然講的一件事（比如童話書、動畫片裡看到的），也有可能是老師講的某件事（比如老師說最近可能要開運動會，但不是真的開運動會），也有可能是他在路上看到的情景（比如某些店鋪的裝飾、玩具讓他記住了），他回家以後，就會在合適的情境下，忽然說出一件剛好符合這些的事情：「明

天我們要開運動會，不僅有小朋友，還有鴨子也去！」

很熱門的真人秀節目《爸爸去哪兒》裡有一集 —— 孩子們要經過山洞，山洞比較黑，幾個孩子嚇得不行，但是其實山洞裡什麼都沒有。

當幾個孩子出了山洞，看到自己的爸爸時，爭先恐後地描述山洞裡「全是怪獸哦」、「有怪物」。

你能說孩子是在說謊嗎？為了博得爸爸的關注和安慰而說謊？

顯然不是。孩子們在山洞裡受到了驚嚇，他們把想像當成了現實。

當你的孩子說「有怪物」、「有怪獸」、「我們幼稚園有個怪獸會叫會飛」的時候，你千萬不要面容嚴肅地制止孩子，因為孩子並不是有心說謊，家長鄭重其事地制止只會嚇到孩子。

年齡小的孩子出現想像型說謊時，家長不需要制止，也不需要表現得大驚小怪，只要順著孩子說就可以了：「真的嗎？」「什麼樣的？」「然後呢？」家長甚至可以和孩子一起做遊戲，順著他的話配合他。

隨著孩子慢慢長大，他對想像和現實會分得越來越清楚，想像型說謊的現象也會隨之消失。

■ 類型 2：恐懼型

孩子為了保護自己而說謊，往往是為了逃避讓他恐懼的事情。

比如有的孩子考試成績不好，為了避免被家長責罵、被家長打，就自己篡改成績。

為什麼孩子會出現恐懼型說謊？因為他面對的人不被他信任，他認為說實話一定會受到傷害，所以他選擇保護自己。這是孩子的本能。

如果想阻止孩子因恐懼而說謊，一定要找到孩子恐懼的源頭，然後讓孩子信任你。

　　當你的孩子犯錯誤的時候，如果他沒有說謊，誠實地告訴你他做錯了事情，是會受到你的懲罰、責罵，還是會因為誠實而得到表揚？

　　如果孩子偶爾一次考試成績不好，你很生氣，責罵甚至體罰了孩子，那麼孩子下次考得不好，為了逃避你的怒火和懲罰，很可能就會說謊。

　　同樣，如果一個小孩不小心打碎了媽媽的香水，之後告訴了媽媽，媽媽可能會生氣地罵孩子，甚至打孩子。那麼孩子就會認為：誠實不能給他帶來快樂，還會讓他挨打。下一次再做錯事的時候，他的第一反應可能就是隱瞞錯誤，推卸責任，最終產生了欺騙。

　　如果你不想自己的孩子說謊，那麼當孩子做錯事並大膽承認的時候，首先要做的是語調溫和地表揚孩子的誠實，而後溫柔地要求孩子道歉。

　　如果孩子打碎了香水，你可以說：「寶貝能夠誠實地告訴媽媽，這是正確的，寶貝做得對，但是打碎了東西，是不是該向媽媽道歉呢？」如果小孩道歉了，並保證以後會小心，這件事就可以結束了。

　　父母一定要讓孩子知道：誠實是讓人欣賞的良好品質，誠實本身不會帶來壞處。

　　當你發現自己的孩子因為恐懼、為了逃避懲罰而說謊時，不要疾言厲色地拆穿他、指責他，而是要溫和地告訴孩子：

　　只要你說出真實的情況，爸爸媽媽不會因為這個生氣；

　　只有你說出真實的情況，我們才能幫助你解決這個問題。

　　當孩子有了安全感，他就不會再因為恐懼而說謊。

■ 類型 3：娛樂型

　　為了娛樂、覺得有趣而說謊。有一次，我在和一群孩子做遊戲的時候，一個 4 歲的孩子用手打了一下我的右邊肩膀，然後跑到我的左邊去了，我就問：「是誰打我？」這個小朋友說：「不是我打的。」

我說：「就是你打的。」

他說：「不是我打的。」

然後他在等待我表現出很疑惑的表情。他知道自己在說謊，但他顯然覺得這個行為很好玩。

這就是典型的娛樂型說謊。

■ 類型 4：擔當型

有一種說謊叫做擔當型說謊，小朋友說擔當型的謊言，常常是為了別人，也就是所謂的「善意的謊言」。

如果你的孩子說出了善意的謊言，你首先要肯定他那一顆有擔當的心，而後再慢慢去化解這件事情。

■ 類型 5：模仿型

孩子模仿他人的說謊行為。小孩子的模仿能力是很強的，如果大人說謊，孩子也會學著大人說謊。所以，如果不想讓孩子說謊，家長首先要做好自己，給孩子樹立一個好的榜樣。

還有的孩子是跟身邊的同儕學會了說謊。如果你用心研究那些說謊的孩子，會發現他身邊一定有個愛說謊的朋友。

所以，家長要盡量讓孩子跟誠實的孩子交朋友。可能這個過程會比較困難，但是並非不可實現。

■ 類型 6：虛榮型

虛榮型說謊，在孩子說謊的比重中占得很大。很多小孩會說出虛榮型的謊言，比如明明考了 80 分，卻告訴家長考了 100 分；自己家明明是普通的兩房一廳，卻告訴別人自己家是大別墅。

　　如果一個孩子的虛榮心強到需要透過說謊、透過欺瞞別人來得到滿足，那麼家長首先應該看到的，是這個孩子缺乏自信和渴求讚許。

　　在這個世界上，其實不存在虛榮心，只有榮譽心。只有得不到榮譽的人，才會出於榮譽心去做一些虛假的事、說一些謊話，也才出現了所謂的虛榮心。

　　當孩子想要得到讚許的心得不到滿足時，就會進行虛榮型說謊。如果大人拆穿他說：「你說謊，你這個孩子虛榮心怎麼這麼強？」

　　這對孩子的改變毫無益處。

　　最好的做法是肯定他，在他優秀的方面、出色的方面，去肯定他、讚許他。因為人性深處最殷切的需求是渴望得到別人的肯定。為什麼孩子願意去做虛假的事情？是因為他的榮譽心沒有得到滿足。

　　如果孩子常常能得到別人的肯定，他就不會為了別人的認可去說謊了。

類型 7：病態型

　　最後一種類型的謊言，就是病態型謊言，這是唯一一個我認為需要花大力氣去糾正的謊言。

　　當孩子進入到病態型說謊時，對父母來說已是無可奈何了。

　　什麼是病態型說謊？它分為 2 種：

　　第一種：你知道真相，他也知道你知道真相，但是他還是對你說謊。之前有個孩子的家長帶他來見我，這個孩子就是病態型說謊 —— 老師在學校安排了作業，回家他對家長說沒有作業。家長打電話給老師，才知道今天有作業。他知道爸爸媽媽打電話給老師了，但還是堅持說：今天就是沒有作業！

　　說急了，他甚至開始哭鬧。而且這種行為不是一次兩次了。

這個小孩就是典型的病態型說謊。

第二種：小孩在無關緊要的事情上說謊，既不是出於虛榮，也不是因為恐懼，而是在得不到任何好處的小事上習慣性說謊。

比如，他把地板弄髒了，明明弄髒地板沒有人說他，他還是不承認，就不說是他弄髒的，而是一直說「我也不知道」。

有的孩子甚至會在「今天在學校吃了什麼」、「今天和誰玩了」這種小事上說謊。

當小孩開始病態型說謊時，往往已經是很嚴重的狀態了。

病態型說謊，往往是由虛榮型、恐懼型說謊發展而來的。

當父母第一次發現孩子說謊時，往往會非常嚴肅地對待，有的家長不僅會戳穿孩子的謊言，還會說一些很過分的話去傷害孩子。

一些比較老實的孩子可能以後不會再說謊。但是有的孩子很頑皮，好奇心也重，家長的嚴厲指責，反而會激起他的反抗心和抗爭心，開始和家長搏鬥和周旋。他發現，自己能夠靠一些小聰明和小謊言與家長周旋，能夠靠欺騙去考驗家長的洞察力。

有時他的謊言沒有被家長識破，他會有一種滿足感，好像在遊戲中玩贏了一樣。這種病態型說謊，往往是被家長激發出來的。

所以，家長不要動不動就問：

你能不能說實話？

你能保證你說的是真的嗎？

你沒有騙我吧？

你沒有說謊吧？

這些話不僅不能讓孩子變誠實，反而會促使他說更多的謊。

讓孩子不再說謊、信任你的 6 個法寶。

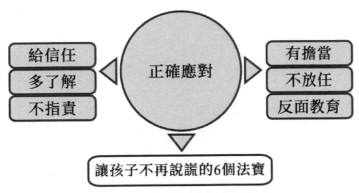

給信任：無條件地信任你的孩子

我曾經做過一項調查，調查的對象是一所小學裡的七十多個小學生，他們大都十一二歲，剛剛進入青春期。

我向他們提出了一個問題：如果你有心事，你會選擇對誰訴說？選項有 3 個：第一是爸爸媽媽，第二是老師，第三是同學。

大部分孩子選擇了同學，還有很少一部分選擇了老師，只有兩個孩子表示，「偶爾」會和自己的父母說。

這意味著什麼？意味著他們從骨子裡不信任自己的爸爸媽媽，這是相當嚴重的事情。只有孩子認為和爸爸媽媽說也沒有用、和爸爸媽媽說也解決不了問題時，他們才不會對爸爸媽媽說出自己的心事。

有的孩子甚至告訴我：有時告訴爸爸媽媽自己的心事，他們不僅不把它當回事，還會認為自己在撒謊。

所以，如果你希望你的孩子長大以後仍然願意和你說心事、信任你，那麼你首先要做的，是無條件地信任你的孩子。

很多時候，父母給孩子的感覺是：好像我說什麼，爸爸媽媽都不會在意，我說的話，爸爸媽媽也不相信。這樣一來，孩子就會喪失和家長溝通的意願。

當孩子有心事的時候，要做孩子耐心的聽眾。不要說「你別胡思亂想了」、「你瞎說什麼呀」、「去玩吧」、「你真是身在福中不知福」等這些容易讓孩子對失去信賴感的話了。

■ 有擔當：讓孩子成為有擔當的人

從小就要讓孩子養成自主做選擇、對自己行為負責任的習慣。

讓孩子成為有擔當的人，首先要讓孩子養成一個好習慣：自己的事情自己做。千萬不要替孩子包辦所有事情。有的家長什麼事情都替孩子做，其實是在害孩子。此外，還要讓孩子養成另一個好習慣：為自己的行為承擔責任。家長要鼓勵孩子、引導孩子成為一個負責任的人。

什麼是負責？

說出去的話要算數，守承諾，這是負責任；做錯了事情要主動承認錯誤，主動承擔後果，願意為了錯誤而道歉，願意去彌補，這也是負責任。

當孩子出於懦弱和害怕，不願意主動承擔責任時，家長要學會鼓勵孩子，告訴孩子怎樣做是對的；當孩子承擔責任時，家長要給予讚許，給他留下「做錯事要承擔責任，是件非常棒的事情」的印象。

■ 不指責：不要隨意指責孩子「說謊」

我希望父母們，尤其是有 5 歲以下孩子的父母們，不要輕易判定孩子「說謊」，不要用「說謊」這兩個字去定性孩子的行為。

對小孩子來說，是沒有「說謊」這個概念的，他們只有「不想說出真相」和「不敢說出真相」的想法，而不是故意要說謊欺騙大人。

說謊，是一個非常成人化的、帶有貶義和道德上的指責的詞語。

當孩子說出一個不真實的情況時，如果大人疾言厲色地罵孩子「你怎麼能說謊呢？」「這孩子怎麼這麼不誠實呢？」「小小年紀就對父母說謊，

長大了怎麼得了？」這些大帽子一扣，雖然小孩還不知道說謊是什麼，但是他會從你的表情、語氣中得出，這是件非常不好的事情，甚至可能會認為自己是非常不好的孩子。

不要把「說謊」這個標籤貼在孩子身上。如果孩子說的話不真實，那麼家長可以做出善意的引導，用「說出事實」、「說出真實的情況」去代替「別說謊。」

如果家長要讓孩子說實話，可以這麼說：「寶寶，媽媽覺得你說的好像不是完全真實的情況呢！寶寶信任媽媽嗎？可以把真實的情況說出來嗎？」而不是說：「寶寶，我們不撒謊好嗎？」

對孩子來說，前者比後者容易接受得多，也不會在孩子心中留下陰影。

■ 不放任：不要因為覺得「有趣」「孩子還小」就放任孩子說謊

當孩子出現說謊行為的時候，你是否進行了制止？

很多大人因為覺得孩子說一些無傷大雅的小謊沒什麼，甚至有的大人會覺得這些孩子氣的行為很可愛，因而就讓它這麼過去了，這是不對的。孩子說謊這件事本身並不好玩，大人無原則的愛也不是大愛。

說謊就是說謊，如果孩子說了虛榮型、恐懼型的謊言，大人一定要溫和地指出，最好引導孩子說出真相。

不過切記，不要過分嚴厲地指責。家長的過度反應，反而會適得其反。

■ 多了解：了解孩子說謊的類型和原因

當孩子說謊時，首先要學會分辨孩子說謊的類型，孩子為什麼會說出這種話。有的謊言是不需要大驚小怪的（比如想像型和擔當型），有些則需要慎重對待（比如虛榮型和病態型）。

■ 重視反面教育

一定要重視反面教育，千萬不要把孩子放在完全美好的真空一樣的環境中任其成長。

如果孩子身邊有說謊的朋友，有打架的朋友，有不聽話的朋友，可以透過這些具有負面行為的小朋友去教育他。

不要因為怕孩子會學壞，就不讓他看到社會上、日常生活中裡壞的那一面，因為他早晚都會看到。與其等他自己看到不如讓他在你面前就看到，這樣，你還能對他加以引導。當孩子什麼都見識過了，他就不會被輕易地迷住或者嚇倒。

反面教育，靠的是父母的智慧。

24.
為什麼孩子這麼小就開始「偷錢」？

　　性和金錢是父母在對孩子的教育中最容易忽視的兩個方面，但這兩方面會對孩子人格的塑造產生巨大的影響。如果孩子在小時候沒有對性和金錢樹立正確的觀念，就會影響其今後的成長。

　　如何對孩子進行金錢方面的教育是值得每個父母用心思考的問題。孩子對於金錢的態度需要有人對其進行引導，讓其在支配金錢的時候持正確的態度。

　　孩子在兒童時期就會從父母的消費行為中了解到金錢能夠進行交易；金錢能夠滿足自己的欲望；透過金錢能得到自己想要的東西；當自己想要一樣東西時，可以直接向父母索要金錢，然後換取自己想要的東西。

　　但大部分父母都不會對孩子索要金錢的要求予以全部滿足，所以在欲望的控制下，孩子就會偷偷從家裡拿錢，然後去外面揮霍，購買自己想要的東西。這種行為在兒童時期是非常常見的，對父母來說，這是一個教育孩子的好機會。但是很多父母對於這個機會都沒有把握住，而是對孩子的這種行為非常憤怒，採取暴力等手段去處理，這樣很容易讓孩子在心理上產生陰影。

■ 幫助孩子建立正確的金錢意識

　　孩子不成熟，不意味著他不需要金錢，身為一個孩子，其認知能力還不夠成熟，也無法為社會創造價值，但這些並不意味著他不需要金錢。孩子對於金錢的需求是很多父母很多時候不會在意的，而父母又是為孩子提供其所需的一切物質需求的人，所以父母對於金錢的態度對孩子來說非常重要。

那麼應該如何指導孩子樹立正確的金錢觀念呢？

人們在現實生活中離不開金錢，金錢能夠讓人有安全感，並且能夠使自己的欲望得到滿足，所以孩子也希望手中能夠擁有為自己所支配的金錢。

有位教育學家曾經說過：「對金錢進行管理實際上就是對自己進行管理。」這就是金錢對人的性格成長造成重要作用的原因。

孩子喜歡金錢，但因為年齡小，其對於金錢還沒有管理能力，手中的金錢也有限，經常會感覺自己的需求難以被滿足，處在這個階段的孩子就需要父母與其進行溝通。父母應透過探討的方式教會孩子如何對自己的零用錢進行管理，如何對待自己的物質需求。

孩子需要什麼，可以讓他直接告訴父母，哪些需求父母可以滿足，哪些需求不能夠滿足，父母可以與孩子進行平等的對話，以達成共識。一些暫時不能滿足的需求可以讓孩子等待一段時間，或者使用其他方式去代替。這些事情都可以和孩子進行溝通，但不要將孩子對金錢的需求一口回絕。

當孩子看到父母自由地支配金錢，而自己想要一點零花錢的願望都得不到滿足時，內心就會產生不平衡感，除非父母平時在金錢方面比較節儉，以身作則，為孩子樹立起榜樣，孩子自然也就不會再在金錢上有過多的欲望了。

父母應將孩子放在與自己平等的位置，主動與孩子談論金錢的問題，談論他的需求，討論其需求是否可以得到滿足，哪些要求是合理的，哪些是暫時不必要的，想要滿足自己的需求，孩子需要做出怎樣的努力。這些都是對於金錢的態度和理念，它能夠讓孩子開誠布公地談論金錢問題，這樣一來孩子也就不會再偷偷從家裡拿錢出去揮霍了。

當孩子產生偷錢的行為時，大人一定不要用「偷」這個字眼。一個孩

子在童年被冠以「偷」字，對他終生都可能是個陰影。而應該從以下幾方面來解決問題。

了解動機 —— 溫和地詢問孩子拿錢做什麼

一定要探明孩子偷錢的動機，了解孩子是出於好奇，還是為了滿足某種需求。

每個孩子都是不同的個體，家庭環境也不同，在了解孩子拿錢的動機之前，不要輕易地對孩子進行批評和懲罰。

告訴孩子「不問自取」是不對的。要讓孩子了解到，需要錢可以和爸爸媽媽商量，但是不能自己拿，並給出具體的要求：爸爸媽媽希望你下次想要錢的時候，能夠和爸爸媽媽商量。

滿足欲望 —— 滿足孩子偷錢為了完成的事情

有的家長可能會問：孩子偷錢，我們還滿足他的欲望，豈不是助長他偷嗎？

還是前文說過的，孩子心裡是沒有「偷」這個概念的，他只是需要某種東西，而錢能夠滿足他的這個需要，於是他就把錢拿走了。

如果家長不幫他滿足這個需求，他的欲望只會留在那裡，欲望是不會消失的，而原本是 10 元能滿足的欲望，在久久得不到回應後，也許以後 100 元、1,000 元也滿足不了了。

我認識一個朋友，她熱衷於收藏唇膏，她收藏了五百多支唇膏，都是名牌，平均價格在 1,000 元左右，這五百多支唇膏，花掉了她 50 多萬元。而唇膏一年頂多消耗掉幾支，大多數唇膏都會在 3 年以後過期。我問過她，為什麼如此熱衷於購買唇膏。

她說在她小的時候，很喜歡媽媽的唇膏，找媽媽要，媽媽不僅不給，

還對她說:「小孩子抹什麼唇膏。」但是媽媽不知道她只是喜歡它的外殼。

有一天,她終於按捺不住,把那支唇膏偷走了。媽媽哪裡都找不到,最後在她的書包裡找到了,隨手給了她一個耳光。

於是她從開始工作時起,就不斷地收藏唇膏,每出差到一個地方,下飛機後做的第一件事就是去買唇膏,心情不好時也要馬上叫計程車去買唇膏。唇膏成了她的一個執念。

小時候一支唇膏就可以滿足的事情,長大以後五百支唇膏都滿足不了。

解決根源 —— 從孩子情感的源頭去解決他的匱乏感

注意,家長對孩子欲望的滿足行為,僅限於孩子第一次偷錢。

如果發現孩子第二次偷錢,就不能再助長他這種行為了。要注意的是,如果孩子在第一次偷錢其需求得到滿足之後,還得寸進尺,那麼就可能是孩子的心理出了問題。

一般來說,只有情感極度缺失的孩子,才會出現過度的虛榮和戀物的行為。這本質上是情感的缺失,是物質無法滿足的匱乏感。

孩子情感上的缺失,可能是沒有得到家人的認可,也有可能是缺少父母的陪伴。

父母要從他情感的源頭去解決問題。

正面鼓勵 —— 對孩子不再偷錢的行為給予正面鼓勵

當孩子不再偷錢,即使是階段性的勝利,父母也要給予孩子積極的鼓勵,對他的改變進行讚許,並給予一定的獎勵。

父母對孩子知錯能改行為的肯定,能夠給孩子帶來很大的正面意義。

孩子偷錢的問題其實根本不複雜,也並不難解決。唯一的困難點在於,每個家庭中的每個孩子的特殊性 —— 對孩子的教育是需要因材施教的。

25.

孩子，為了你的野蠻成長，我會用上所有的智慧！

　　媽媽的來信：為什麼孩子總是指使大人？

　　我的女兒今年 3 歲，她常常會有一些奇怪的行為，是我無法理解的。最近每天晚上，只要到了睡覺的時間，她就爬到床上，把她心愛的睡覺時要抱著的熊寶寶扔得遠遠的。

　　然後她還要我和她爸爸幫她撿回來。

　　但她並不是一開始就要我們撿的，而是自己躺在床上，假裝把手往外伸，伸了一會兒，就說：「我撿不到。」

　　剛開始我們並沒有在意，就幫她把玩具熊撿回來讓她抱著睡。反覆幾次後，我們發現如果我們不主動幫她撿，她就會一直在床上做伸手去撿的動作，就是不下床。

　　我對女兒說：「寶貝，妳的東西掉了，妳應該自己撿，對吧？」

　　她說：「對。」

　　我說：「那妳為什麼不撿呢。」

　　她左右看看，說：「我撿不到。」

　　我說：「那你一開始為什麼要把熊寶寶扔那麼遠呢？」

　　她就不說話了。如果我問得頻繁了，她還會表現出很著急、要哭了的樣子。我雖然沒辦法了，但還試著教育她：「寶貝，妳自己的事情應該自己做。妳把熊寶寶扔遠了，指使爸爸媽媽去撿，這種行為是不對的。爸爸媽媽是不會縱容妳這麼做的。」

　　我想不明白孩子為什麼要這麼做，可能她覺得指使大人是件很有趣的事情，或者這是她對大人能夠讓步到什麼程度的一種試探？

我覺得孩子指使大人這種行為是不對的。請問我該怎麼制止她？

在孩子的成長過程中，大人常常會發現，孩子會有一些自己無法理解的行為。從大人的角度看，這些行為常常是負面的。

比如來信中的媽媽，認為孩子是故意扔玩具指使大人撿。在媽媽的心裡，這種行為當然是不好的，是家長必須要糾正的。

如果我們不懂教育學、不懂孩子的心理，往往會用自己的經驗去判斷孩子的行為。

然而，當孩子出現我們所不能理解的行為時，我們首先要做的是摒棄成見，學會從孩子的角度去看待問題。

■ 第 1 步：摒棄成見。摘下自己的有色眼鏡，和孩子一起成長

孩子在面對自己做不到的事情時，就會指望大人。但是在大人眼裡，這是指使。為了孩子的自由成長，大人首先要摘下自己的有色眼鏡，進入孩子的世界，了解孩子的內心。

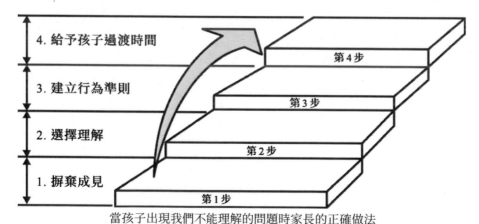

當孩子出現我們不能理解的問題時家長的正確做法

對孩子來說，在大人看起來很出格、需要嚴加管教的各種行為，也許只是他們對新世界的試探、對新玩法的探索。

　　孩子常常會把玩具、物品看作是自己的延伸。玩具熊寶寶能搆到的地方，他就會認為他也到了。這種試探性行為常常會在剛剛開始懂事（1～3歲）的孩子身上出現。

　　如果家長對孩子的這種行為大驚小怪，隨意給孩子貼上「麻煩大人」、「指使大人」的標籤，實際上是對孩子探索行為的打擊。

■ 第2步：選擇理解。選擇理解孩子，而不是誤解孩子

　　什麼是理解，什麼是誤解？

　　在我看來，任何時候當我們揣測別人行為背後的動機時，都應給對方預設一個良性動機，相信對方「不是出於惡意」，而是「出於某種我不理解的善意」，這就是選擇理解的開始。

　　總是從壞的角度去揣測別人的動機，比如認為孩子扔東西是為了指使大人，認為孩子不聽自己的話是因為調皮 —— 這些都是預設了一個壞的動機給孩子。

　　根據我的經驗，孩子90%的行為背後，其實都是良性動機。孩子的內心非常單純，也非常純潔，很少有孩子會懷著惡意去做什麼事。

　　當我們開始選擇理解孩子，而不是誤解孩子時，我們和孩子的相處就進入了良性循環。

■ 第3步：建立一個讓孩子明確知道的行為準則

　　對孩子尊重並不是不制定任何規則、放任孩子，相反，因為孩子自身缺乏控制力和辨別能力，所以需要規則和限制來引導其行為。當家長向孩子表述這些規則時，必須讓孩子理解這些規則以及限制的意義，不要僅進行口頭的限制，因為通常當孩子在面對一條新的行為準則時，他會去觀察父母是否真的按準則要求監督自己的行為。

　　禮貌的言行並不是一兩天就能夠做到的，這需要孩子學會控制自己的言行並且能夠理解他人的感受，這對孩子來說有一定的難度。所以父母只有透過自身的行為言傳身教，才能對孩子的行為產生潛移默化的影響。

　　注意，對孩子的行為指示要簡單。

　　對於太複雜的內容，孩子理解不了。大人長篇大論的說服教育，往往帶給孩子的只有情緒，沒有內容。

　　所以當大人希望孩子做什麼的時候，指示要簡單明確，態度要親切。如果能把這些轉化成好玩的說法，則會更容易讓孩子接受。

　　家長可以用親切的態度詢問孩子：「媽媽發現你的行為真有趣，能告訴媽媽為什麼要這麼做嗎？」

　　「爸爸覺得你扔小熊的動作好好玩，能和爸爸一起玩嗎？」

　　當孩子給予肯定答覆後，再漸漸深入他們的內心。

　　一位非常著名的心理學家曾說過：「孩子不能拒絕的事物只有兩個 ── 柔和的態度和好玩的玩具。」

　　家長同時還要告訴孩子：「知錯能改就是好孩子。」

　　《弟子規》中說：「過能改，歸於無；倘掩飾，增一辜。」意思是：知錯能改，就能抵銷掉錯誤；如果錯了還不承認，那就是錯上加錯。爸爸媽媽平時可以教孩子《弟子規》，其中有很多做人的道理。這樣當孩子做錯事情後，就可以用《弟子規》中的內容去詢問他們，讓他們自覺改正。

■ 第4步：給予時間。想讓孩子改變需要給他過渡時間

　　孩子的活動節奏與成年人不同，和成年人相比，孩子的活動節奏要慢得多。所以，當希望孩子做出改變時需要提前告訴他，多提醒他幾次，同時可以使用一些能夠幫助孩子實現心理過渡的做法。比如當你想讓孩子離

開動物園時，可以和孩子一起唱一首你們自己編的「離開歌」，因而有效地幫助孩子進行心理過渡。

媽媽的回信：我和孩子一起「合作」

昨天晚上，在準備關燈睡覺的時候，孩子又把玩具熊扔到了床外，伸手試探了幾次之後，開始自言自語：「我搆不到怎麼辦啊？」

我說：「寶寶啊，媽媽發現妳扔熊寶寶，特別有趣，能告訴媽媽為什麼要這麼做嗎？」

孩子說：「熊寶寶要睡前巡邏。」

我被孩子逗笑了。然後我說：「妳是想帶熊寶寶回來，但是搆不著嗎？」

孩子說：「是啊，媽媽妳能幫我拿一下嗎？」

我說：「媽媽不是不能幫妳拿，而是媽媽覺得，如果妳能自己去把熊寶寶帶回來，是非常勇敢、非常棒的行為！」

她認真地看著我，自己想了會兒，然後說：「我有點怕。」

我才意識到，我把大燈關了，只留了個小小的壁燈，床的那一邊有點黑，她可能確實是害怕。於是我說：「沒關係，你去撿熊寶寶，媽媽跟著你，好嗎？」

她點點頭，開始下床，然後我跟著她一起去撿玩具熊。她特別開心，一邊害怕地叫著，一邊跑過去把熊寶寶撿回來了。

我抱了抱她說：「真厲害，寶寶自己把熊寶寶帶回來了。真是懂事的小孩。」

她顯露出特別高興的樣子。唉，寶貝對不起，媽媽誤解妳了。媽媽不應該認為妳是故意指使媽媽。媽媽保證以後再也不誤解妳了。

第五章
真愛如是

曾經有人問我：如何教育出一流的孩子？

我回答說：首先，我們要成為一流的父母。

如何成為一流的父母？

讓我們負責好好學習，讓孩子負責持續進步。

同時，在成為「理想的爸爸媽媽」的道路上，有很多事情要做：

我們要幫助孩子養成讀書的習慣，這將是他成長路上最好的發動機：

我們要成為他的諮詢顧問，為他提供思路和見解，但是決定權始終在他手裡。

我們要教他如何交朋友，但是絕不替他決定誰是他的朋友。

26.
我們負責好好學習，你負責持續進步

■ 孩子，為了你，我會坦誠地面對自己

坦誠地面對自己，是爸爸媽媽走向成長的第一步。

成長的過程不是一帆風順的，孩子的成長如此，大人的成長當然也不例外。我發現很多父母，尤其是 1980 年代出生年輕的爸爸媽媽，因為受到了新的教育觀念的影響，常常會出現新的教育觀念和舊的教育習慣相衝突的現象，以致變成了這樣一種循環：

好，我要做個好的開明的爸爸。我不能隨便對孩子發脾氣，我要講道理。

我怎麼對孩子發脾氣了？真是對不起孩子啊。下一次我一定要改正。

我怎麼又發脾氣了？我是不是不適合這種教育方法啊？

道理我都知道，但是做起來好難。

道理誰都知道，但是誰又能完全做到呢！真不可靠！

最後因為不斷失敗而放棄了。

這種放棄，本質上來說是為了避免自己再次失敗，索性不再嘗試了。

針對這種情況，我給出的建議是：要坦誠地面對自己，接受自己—接受成長不是那麼容易的事實，也接受自己是個普通人的事實。

在成長為「理想的爸爸媽媽」的路上，我們會遇到很多阻礙，有些來自外界，有些來自我們的內心，有些來自孩子。

偶爾做不到，是非常正常的，下次繼續努力就好了。多多改善，多多進步，不要沉浸在失敗或後悔的情緒中。

不要苛求自己成為「完美」的父母，要督促自己成為「比以前更好」的父母。

沒有一種教育方法、教育理論能夠解決我們育兒過程中遇到的所有問題，同樣的父母，同樣的教育方法，也會培育出性格迥異的孩子。所以我們在盡自己最大努力的同時，要學會不強求。

以前我常常說，教育是父母的以身作則，教育也是父母耐心細緻地感化。慢慢地，我發現，教育其實是雙向的，它並不是父母單方面地感化孩子，而是父母和孩子共同達成目標。

比如說，父母希望孩子有毅力，那麼在幫助孩子養成有毅力的心態這件事上，父母首先要有毅力。因為孩子總在模仿父母，並最終超越父母。

■ 擁有一顆成長的心

成長的心，要求父母和孩子一起成長，而不是單方面地對孩子進行限制和干擾。

我常常聽別人催已婚的夫妻生小孩，當對方表示「還不想要、還不夠成熟」時，催促別人生小孩的人往往會丟擲一個理論：「不成熟沒關係，孩子生下來，大人就成熟了！」「孩子養著養著，大人就成熟了！」

怎麼可能？不成熟的父母帶小孩，往往會把自己累得東倒西歪，把孩子帶得七零八落。偏偏不成熟的父母是意識不到自己的「不成熟」的。

無論父母在經濟和精神方面做了多麼周全的準備，讀過多少育兒的書，了解了多少教育理論，要帶好一個小孩，仍然需要一顆成長的心——時刻和孩子一起成長，時刻反思自己的行為。

現在有些父母，迷信西方的教育方法，完全採用西方的教育方法，但是西方的教育未必適合我們的社會環境。

西方講究父母無條件地接納自己的孩子；而我們講究孩子要無條件地接受父母。西方講究，不要對孩子進行體罰，不要用過於嚴肅的語言對待孩子；而我們講究，父母要嚴格教育孩子，玉不琢不成器。

西方人對父母可以直呼其名；但如果我兒子長大了，直呼我的名字：詹惠元！我會感到很不舒服的。

這就是我們和西方人的區別。古代岳飛的媽媽，在孩子身上刻字：精忠報國。這種做法，在我們現在看來是虐待，但岳飛照樣成了民族英雄。

我們的教育方式和西方的教育方式有著本質的區別，西方講究自由和公平，但是這個世界上沒有絕對的自由和公平。無論是學習、考試、競爭，都沒有絕對的公平。所以說，結合西方的智慧和東方傳統教育的智慧，才是最適合我們的孩子的教育。

■ 現在成長還來得及

在某部電影中，十七八歲的女孩失去了媽媽，跟爸爸和弟弟一起生活。由於弟弟還小，照顧起來很費力，爸爸就忽視了和女兒的交流，父女之間的隔閡日漸加深。

有一天，女孩出了車禍，爸爸開始像她小時候那樣照顧她，卻不得其法。

為了讓行動不便的女兒打發時間，爸爸帶給女兒一個禮物筐，裡面裝了書籍、食物、搖鈴（用來呼喚爸爸）。

當女兒看到食物中的肉食時，無奈地說：「爸爸，我是素食主義者。」

爸爸說：「When did that happen（什麼時候的事）？」

什麼時候她變成了素食主義者 —— 電影裡，那個父親的表情非常迷茫，又帶著一絲傷感。

如果我們不去了解自己的孩子，當孩子漸漸長大，我們常常會問：When did that happen ？

孩子，你從什麼時候開始喜歡那個明星的？

你從什麼時候開始不願意和爸爸媽媽聊天了？

你從什麼時候開始談戀愛的？

當父母面對這些問題時，才想起和孩子深入溝通，建立良好的情感依賴，恐怕已經晚了。

現在就認真了解你的孩子，傾聽他的喜怒哀樂、他的愛好、他的厭煩，一切都還來得及。

■ 給孩子的行為制定規則、設定邊界

每個家庭都應該有絕對不能觸犯的規則和底線。比如我家裡的規則是：

大多數事都可以跟父母商量，但是不可以欺瞞父母；

可以玩，但是不能玩到晚上 12 點以後；

如果真的不想做的事情可以不做，但是不能透過裝病和欺騙父母來逃避；

如果覺得父母的做法讓自己不開心了，可以回家後和父母商量，但是任何時候都不允許在外面對著父母哭鬧……

這些都是我家裡必須遵守的原則和底線。

在沒有兩全其美的辦法時，制定規則是很管用的。父母必須讓孩子明白，在一些事情上，沒有討價還價的餘地。

不過父母可以在明確規則和底線後，告訴孩子原因，並與孩子一起找出解決問題的辦法。

　　與其簡單地說「不能做這個」，不如用「不能做這個，但是可以做什麼」來代替；不僅告訴孩子「不能做這個」，還要告訴孩子「為什麼不能」；和孩子一起分析，如果不能做這個，如何尋找替代的方案來滿足他的願望；透過幽默的方式來解決問題。

27.
孩子，爸爸媽媽永遠不做你的「夢想終結者」

2008 年美國舉行總統換屆選舉，民主黨的歐巴馬在選舉中獲勝，成為美國歷史上首位黑人總統。實際上，歐巴馬在上小學的時候就有了總統夢。歐巴馬的童年並不順利，然而，在成為總統的夢想的驅動下，歐巴馬如同苦行僧一般約束自己，成功地進入了哥倫比亞大學學習國際關係。他畢業之後在芝加哥的一個貧民社區工作了 3 年，3 年的工作讓他更堅定了自己要成為總統的決心。

之後，歐巴馬先是成為了參議員，並在 2004 年民主黨的一次全國會議上嶄露頭角，得到了民主黨內部的重視。4 年之後，歐巴馬成為總統候選人，並在競選中勝出，成為美國總統。歐巴馬在成為總統之後曾經說過：「自己以及父輩們的夢想都是自己的前進動力。」

每個孩子都有自己的夢想，這些夢想可以成為他們今後的人生目標，為他們提供前進的動力。在孩子成長的過程中，夢想的作用非常重要。

■ 夢想：孩子的核心驅動力

「你為什麼要努力學習？」

有自己夢想的孩子對於這個問題會有很多答案，比如「為了長大去太空」，「為了成為科學家」，還有的孩子可能會說：「為了做出世界上最好吃的零食。」這些回答看上去似乎有些幼稚，但是同成年人「為了今後有錢有房有地位」這樣的答案相比，孩子的答案更有意義，也更遠大。

孩子因為年齡小，可能最初的夢想會顯得十分幼稚，隨著年齡的增加夢想還會不斷發生變化，但是如果孩子一直都有自己的夢想，那麼他就一

直都會有前進的動力。

但是有些父母，常常在不知不覺中，成為了孩子的夢想終結者。

父母那些會毀掉孩子夢想的行為包括：

行為 1：否定 —— 「你怎麼能把賣包子作為自己的夢想呢？」

當一些父母聽到自己孩子的夢想太低階或者不切實際時，立刻就會做出否定。比如有的孩子說自己長大了要開一家包子店，因為孩子喜歡吃包子，父母卻說：「開包子店太沒出息了，也賺不到錢，你長大後應該去開公司，賺大錢。」有的孩子說「我長大後要去月球」，家長卻說：「這怎麼可能？你現在還是好好學習，別整天瞎想了。」家長隨意地就否定了孩子的夢想，卻不知這會大大打擊孩子的進取心。很多小學生不愛學習，其中很大一部分原因就是缺少夢想，沒有前進的動力。

行為 2：誘導 —— 「寶貝快說出一個夢想來！」

孩子的夢想需要家長的引導，但並不是讓家長去誘導。

有些家長急於讓自己的孩子有自己的夢想，想讓孩子在短時間內變得努力、向上、聰明。但是透過觀察，他們並沒有發現孩子有什麼夢想，於是就採用引誘的方法讓孩子說出一個夢想。

「寶貝你的夢想是什麼？」

「你能想出一個夢想來嗎？」

「你看隔壁家的小明長大以後想做科學家，你長大以後想做什麼？總不能比小明差吧！」

家長為了讓孩子盡快找到夢想，甚至強迫孩子編造一個夢想出來，如果孩子編出來的夢想正好符合家長的心意，家長此後就完全不考慮孩子的感受，只知一味逼著孩子為了這個夢想去努力。

行為 3：定製 —— 「爸爸讓你有什麼夢想，你就得有什麼夢想」

不要為孩子定製夢想。

現實生活中有 3 種情況很常見：一是家長自己小時候的夢想沒有實現，就將這個夢想強加給孩子，想讓孩子替自己圓夢；二是一些事業有成的家長想讓孩子今後繼承自己的事業，就讓孩子沿著自己走過的道路重走一遍，複製自己的夢想；三是一些家長出於功利性的目的給孩子設計了一個夢想，然後強迫孩子去完成。

否定、誘導、定製，這 3 種行為毀掉了孩子的夢想。逼出來的夢想，不是真的夢想。為了編造的夢想去努力，也會缺乏真正的動力。

夢想，必須是孩子發自內心的，是他真正認可、真正想要實現的目標。

如何去引導和保護孩子的真正的夢想？

關鍵 1：了解孩子的夢想 —— 「我們一起來討論下你的目標和夢想吧」

一方面，父母要了解孩子的夢想，然後對孩子的性格、愛好以及能力等各方面因素進行分析，引導孩子確立自己的目標。雖然孩子可能有自己的目標，但是通常比較多變，所以父母要引導孩子將自己的夢想說出來，然後和孩子一起討論，讓孩子認真地去考慮，使其目標變得更加成熟。

另一方面，父母可以作為孩子學習的榜樣。孩子心中有了自己的榜樣的話，對其實現目標有很大的幫助。

關鍵 2：鼓勵他的夢想 —— 「你一定能做到」

比爾·蓋茲曾經說過一件事情。在他小時候，他問過母親一個問題：「我長大之後能做什麼？」他的媽媽回答：「如果你進入軍隊，那麼你將成為一個將軍；如果你進入教會，那麼你將會成為一個教皇。」比爾·蓋茲

在聽到母親的回答之後，就為自己定下了目標：「我要成為最頂尖的人」。麥可‧喬丹在小時候曾經做過一個夢，他夢見自己在籃球場中飛行，當他將自己的這個夢告訴母親時，母親告訴他：「你一定能夠在球場中飛起來。」

但有一點是需要父母注意的，就是不能過於急切。不要因為孩子的表現沒有達到自己想要的程度就對其進行批評指責，這會嚴重打擊孩子的積極性和自信心，相反，要多去引導和鼓勵孩子，讓孩子繼續努力。

關鍵3：讓夢想成為孩子成長的動力

父母首先要學會保護孩子的夢想，並根據實際情況，將孩子的夢想轉換為有可能實現的目標。

如果孩子的夢想是做個醫生。我們可以這樣幫助孩子去分析：「你夢想成為醫生，這是很好的。爸爸媽媽相信你可以成功，不過也得付出努力才行。成為醫生，首先要有很好的學習成績，因為醫學院不好考，所以你要保持優異的成績，不要讓成績成為你夢想的絆腳石；此外，成為醫生是很辛苦的，所以你可以先了解一些簡單的醫學常識，多看多學習，在這個過程中，你會更了解醫學，你也可以在這個過程中檢驗自己的誠意—自己是不是真的想成為醫生。不過，媽媽更願意先和你一起看幾部關於醫生的電視劇！」

透過創立目標、制定向目標前進的步驟，孩子會一步步靠近他的夢想。在這個過程中，他也會覺得非常充實、快樂！

注意，不要急於為孩子固定夢想。很多孩子並不知道自己真正的長處和興趣是什麼，所以他們的夢想常常會改變，這是很正常的。通常孩子年齡越小，其夢想就越容易發生變化。對於孩子的夢想，家長要做的就是多

傾聽和多觀察孩子，保護和引導孩子，而不是否定孩子的夢想或者立刻就為孩子的夢想定性。

當孩子隨著年齡增長逐漸走向成熟時，其夢想也會越來越堅定。

夢想也有成長的過程，其過程與生命成長的規律一樣。孩子的夢想就像一顆種子，當種子被種下之後，什麼時候能夠發芽，什麼時候能夠結果，這些都要符合自然規律，揠苗助長的行為只會適得其反。

28.
孩子，讓我幫你組裝成長的「發動機」

讀書是一個非常好的習慣，幫助孩子養成愛讀書的習慣就等於為孩子在心中裝上了一臺成長的發動機，使之在孩子的成長道路上不斷為他提供動力。有了動力，父母就不用再擔心孩子沒有上進心了。

讀書對於孩子各方面的成長都有十分重要的作用，這個習慣將會對孩子的一生產生影響。書對孩子來說，不僅能夠提供豐富的知識，它還能成為孩子的好朋友。喜歡讀書的孩子可以從讀書的過程中獲取快樂，舒展心靈。讀書能夠為孩子開啟學習之門，因為它是所有學習的基礎。

■ 孩子透過讀書鍛鍊集中力和學習能力

孩子的閱讀和他們的學習動力以及成績成正比。

一般來說，孩子越喜愛閱讀，他的學習動力就越強，成績也會越好。

因為他們的知識更廣泛，另外在長久的閱讀活動中，他們也鍛鍊了集中力，而良好的集中力能夠幫助他們在學習時獲得更好的學習成果。

■ 孩子透過讀書了解自我和世界

讀書同時也能擴展孩子的視野，豐富他們有限的人生經驗；能夠為孩子架起一座橋梁，連結他們的內心和外界，幫助他們認識自我和世界，增強他們的自我發展能力。

■ 孩子透過讀書體驗情感

熱愛閱讀的孩子，往往能夠從書中體會人類的種種情感：快樂、憂傷、好奇、憤怒、興奮、平靜、憐憫……幾乎所有高貴的情感都能從書中獲取。

豐富的情感體驗能夠促進孩子的精神成長，使他們的精神得到滋養。從這些情感中，他們能夠對生活產生熱情，永遠保持向上的精神。而向上的精神，是孩子成長最有利的翅膀。

在資訊化時代，讀書還有特別的價值 —— 我們無論做什麼都需要掌握資訊，而閱讀是了解資訊的重要途徑。

在上述關於讀書的種種好處中，孩子能夠從讀書中得到快樂，這是最重要的。

如何讓孩子養成愛讀書的習慣？

關鍵 1：閱讀習慣要從小培養

沒有孩子是天生就熱愛讀書的。如果能從孩子小的時候，就幫助他建立良好的閱讀習慣，那麼這個習慣將陪伴他終生。

比如在孩子很小的時候，就可以根據他的年齡和行為習慣，給他選擇合適的圖書。一兩歲的孩子可以看繪本、幼兒畫報等。

關鍵 2：和孩子一起閱讀

孩子的注意力不容易集中，所以需要家長和孩子一起閱讀，一起看繪本。家長可以把繪本中的故事講給孩子聽。

當孩子開始認字之後，爸爸媽媽就可以和孩子一起讀書。這時家長要注意的是，一定不要揠苗助長，讓孩子自己讀有很多字的書。

正確的做法是慢慢來，和孩子一起讀有畫有字的書，比如爸爸媽媽讀兩句，孩子讀兩句。也可以和孩子一起扮演書中不同的角色，比如媽媽扮演外婆，爸爸扮演大灰狼，孩子扮演小紅帽，一人一句地讀書。

一定要讓孩子覺得讀書的過程很有意思，他才會真正喜歡上讀書。

關鍵 3：選擇適合孩子年齡和愛好的書

我很喜歡做的事情就是和孩子一起逛書店，幫孩子挑選他喜歡的書，所以，我的孩子在很小的時候就非常喜歡去書店，他早早就體會到了讀書的樂趣。

而家長要做的是，根據孩子的年齡段和他的喜好幫他選擇適合他的書。比如對於喜歡各種花的孩子，可以買本植物大全的繪本給她；對於喜歡繪畫的孩子，可以買填色繪畫的書給他。

在讀書這件事上，最重要就是選擇符合孩子興趣的書，不要因為大人覺得某本書特別好，讀了特別有幫助，就不顧孩子的喜好強迫他讀。

尤其是年齡小的孩子，不適合純文字的書。太多的文字反而會趕走他讀書的興趣。

關鍵 4：及時檢驗讀書成果

在孩子自己讀完一本書後，我往往會做出很感興趣的樣子問他：「這本書講了什麼？主角為什麼那麼做？能給爸爸講講裡面有趣的內容嗎？」

檢驗孩子讀書的成果，就是看孩子能不能把裡面的內容用自己的話說出來。

一位青少年教育專家說：「養成讀書習慣等於在孩子心裡裝了一臺成長的發動機。」

讓我們一起，為孩子組裝一部屬於他的成長發動機，讓孩子能夠持續從發動機中獲得營養動力和智慧吧！

29.
我願意成為你的諮詢顧問

真愛不是替孩子包辦一切、解決一切、回答一切，而是成為孩子成長路上的「諮詢顧問」，家長要學會在大多數時間，讓孩子自己去探索和試錯。

當孩子有疑問時，家長再提供自己的建議。

諮詢的意思是「我會給你提出我的意見和建議，告訴你我的人生經驗，但是具體怎麼做，還是由你決定。」

■ 自己能做的事情自己做（而不是「自己的事情自己做」）

我們經常會對孩子說：「自己的事情自己做」。但孩子們對於這句話常常會有不一樣的理解。

曾有一位家長萬分無奈地找到我，告訴我她經常在廚房裡忙碌，有時會讓孩子幫忙拿東西，她的孩子卻回答：「自己的事情自己做」。對於孩子這樣的回答她無可奈何，也不知道該如何做出回應。

我認為家長想要培養孩子的獨立能力時應該說：「自己可以做到的事情自己做。」母親在廚房裡忙得抽不出身，需要拿東西而自己做不到，就可以讓孩子幫自己。而當孩子在看電視，叫媽媽幫忙拿吃的，這時家長回應「自己可以做到的事情自己做」才是合適的。

所以，「自己可以做到的事情自己做」這句話更能夠培養孩子的獨立性與責任感。

在孩子 12 歲以前，其身上所有的問題都能找到源頭。

羅馬帝國不是一天建成的，夢想也不是一蹴而就的，蛻變更不是一學就可以的，所以，在教育孩子這件事上，我們要持續不斷地前進。

很多家長問我：孩子粗心大意該怎麼辦？比如寫功課的時候總是看錯題目。其實大人也有粗心的時候，孩子的粗心主要是小時候沒有養成細緻的習慣。對於粗心的孩子，你責怪他「你怎麼這麼粗心」、「以後不要粗心了」是沒有用的。

語言是解決不了所有問題的，這就是為什麼嘮叨的父母往往達不到好的教育效果。但是語言解決不了的事情，智慧可以。

一個孩子粗心，往往是因為他小時候，家長包辦了他所有的事情，不需要他細心做事而導致的。

如果你的孩子非常粗心，可以先從一點一滴的小事上去矯正。首先讓他在自己的內務小事上養成細心的習慣。

比如孩子有自己的小抽屜、小衣櫃，家長可以和孩子一起整理他的衣櫃—先把物品都放在床上，然後教孩子如何對物品進行分類，再依次擺放。

光是收拾孩子的玩具，可能就會花去一個小時的時間，這時孩子的專注力就養成了。當孩子把玩具收拾好，大人要給予鼓勵，和孩子一起慶祝。

當父母和孩子的想法發生衝突時，試著尋找「折中」的方法。

很多時候，事情的解決辦法不只有一個，往往有兩全其美的方法，只是我們沒有發現。家長為了維護自己的權威，常常會堅持自己的立場。

回想一下，在你童年時，是否渴望父母看到自己的需求，認同自己的需求？

所以，想做最好的父母，就不要太堅持自己的大家長立場，學著處理事情時尋找兩全其美的方法。

比如孩子很想玩剪刀，但是大人覺得危險，可以試著換別的玩具給他

玩。如果孩子執意要玩剪刀，可以和孩子約定，下一次一起去買適合他玩的兒童剪刀。

要注意，折中並不代表父母要無原則讓步，不代表父母要溺愛孩子。

「折中」換句話來說，應該是「更聰明的辦法」，既不傷害孩子的感情，也不違背大人的原則。

30.
孩子，學會交朋友

媽媽的來信：我該如何讓孩子交朋友？

我有一個女兒，今年 4 歲，性格比較外向，我們平時對於教育方面非常注意，女兒也養成了良好的習慣。她喜歡和小朋友一起玩，但是我感覺她周圍的孩子都有很多不好的習慣，我擔心時間長了，我女兒也會染上這些孩子的壞毛病。我的這種擔心是多餘的嗎？我應該如何去教育她怎樣選擇朋友呢？

最近有一個 5 歲的小女孩經常來找我女兒玩，沒多長時間我就發現這個小女孩有不少缺點，比如喜歡哭鬧，非常任性，我害怕我女兒也會受她影響養成這個壞習慣，所以我不想讓女兒和那個小女孩玩。但我又擔心強行讓女兒和那個小女孩絕交會影響她以後的社交能力。遇到這種情況我該如何去做呢？

■ 在什麼情況下，我們會干涉孩子交朋友呢？

之前也有一個家長對我這樣傾吐他的煩惱：「我的女兒今年已經上小學四年級了。她從小就很喜歡和其他孩子玩，現在在學校裡有很多朋友。現在孩子逐漸長大了，我對於孩子交朋友有一點擔心，擔心她在學校裡認識了一些不好的朋友。記得我自己上學的時候，我父母就經常教育我不要和不愛讀書的孩子一起玩，當時自己對父母的這種觀點還嗤之以鼻，但當自己有了孩子，才明白父母的這種擔心。我希望自己的孩子能夠和愛讀書的孩子交朋友，不知道是不是所有的父母都會有這種想法。對於孩子交朋友我應不應該干涉呢？」

■ 爸爸媽媽們的擔心：孩子交到「壞朋友」該怎麼辦？

孩子在上幼稚園之後，對於交朋友的需求越來越強烈，並且對周圍的朋友有了遠近之分，擁有了自己的朋友圈。這時的孩子對於「朋友」這個概念不會太清楚，但他們知道想要交朋友就要做周圍人都在做的事情。就如同信中那位媽媽說的那樣，孩子對周圍同伴的行為喜歡模仿。這樣我們就很容易理解為什麼父母希望自己孩子的朋友都是沒有缺點的，而當其在孩子周圍發現有「壞孩子」時就感到十分擔心。

但實際上，在當今社會中，無論我們如何費盡心思挑選我們認為合適的環境，合適的同伴，我們總會發現孩子身邊會有一些我們不喜歡的朋友，因為我們不能完全控制孩子的一切—孩子總會去選擇他自己喜歡的圈子。所以幫孩子選擇朋友，為孩子避開周圍不好的環境，明顯不是一個長久的方法，而一味地對孩子周圍不合自己心意的事物進行抱怨也不能解決任何問題。所以，我們在面對這種情況時，應該調整自己的心態，從另一個角度去看待和解決這個問題。

與其將所有的不好和過錯都推到孩子所處的環境上，不如試著去讓自己的孩子做出改變。

■ 父母應該如何面對孩子的「朋友們」？

「寶貝，爸爸媽媽尊重你的交友權利，不過爸爸媽媽更希望你能和值得交往的小朋友一起玩。」

聰明的家長會尊重孩子交朋友的權利，再旁敲側擊地引導他。

孩子在學會交朋友的過程中，會逐漸形成選擇朋友的傾向，比如選擇能夠和自己玩到一起，性格也相差不多的人作為朋友。

　　這個時候我們首先要對孩子的選擇表現出尊重，然後與孩子一起對他的朋友進行分析。比如在聊天時可以問問孩子：為什麼喜歡和 ×× 做朋友？ ×× 小朋友是不是非常喜歡讀書？我也喜歡 ×× 小朋友，因為他非常喜歡幫助其他人……

　　在聊天的過程中，孩子就會從父母的話語中知道哪些行為習慣是自己應該學習的，哪些是自己應該遠離的。

　　即便父母發現孩子在和有壞習慣的孩子玩耍，也不要著急想辦法讓孩子不要和他交朋友。既然孩子願意和一個孩子成為朋友，那麼作為父母不妨先了解孩子的內心想法，也許這個有壞習慣的孩子有更多優點呢。況且每一個人都有優點和缺點，小朋友同樣如此，即使孩子的朋友身上有缺點，父母也可以透過和孩子聊天的方式表達出自己的看法，讓孩子意識到某種習慣是不好的，應該遠離。

　　父母應該從不同角度去看待和評價一個人，不要從一個方面完全否定他人，不妨將自己的注意力更多地放在他人的優點上。這是作為一個孩子的家長首先要學會的，只有自己學會了才能正確地引導孩子。

■ **寶貝，我會幫助你形成自己的交友觀，但是朋友的選擇權在你自己手裡。**

　　多鼓勵孩子，少限制孩子，幫助孩子形成自己的交友觀和行為準則。

　　當孩子正在學習認識自己、認識這個世界、學習社會規則和社交能力的時候，多鼓勵和少限制的做法能夠提高孩子的認知能力和判斷能力，使之逐漸形成自己的交友觀。

　　孩子在這個時期的語言和思維能力是非常活躍的，對周圍的一切事物都充滿了好奇。父母可以對孩子進行引導，讓孩子去觀察和模仿一些正確

的社會行為，讓孩子透過自己的觀察明白哪些行為是應該去學習、會受到讚揚和鼓勵的，而哪些行為是不受社會歡迎，有可能會受到批評和指責的。在這種實踐過程中，孩子會透過自己的學習逐漸形成正確的道德觀和行為準則。

■ 寶貝，我保證對你的朋友平等對待。

平等對待的基礎是不勢利，對於孩子的同伴我們要學會不以「成績」取人，學習成績並不是孩子交友的標準。

同時，不在自己孩子面前評論其他孩子的行為，因為我們對其他孩子並不完全了解，以致這種評論往往都有片面性，我們輕率的評價會對自己的孩子產生誤導。

當自己的孩子和同伴之間產生衝突時，父母應該將「嚴以律己，寬以待人」作為處事原則，妥善處理，不對孩子偏袒，更不能縱容。一般的矛盾應該讓孩子自己去解決，父母盡量不去介入。實際上孩子通常都不會記仇，很多孩子今天吵完架明天就會和好如初，家長對此沒有必要過分擔心。

■ 寶貝，爸爸媽媽希望你能這樣交朋友

爸爸媽媽總希望能夠教會孩子如何才能交到真正的好朋友。孩子交到好朋友的原則其實很簡單：尊重，有原則，和不同性格的小朋友做朋友，發揮自己的積極影響力，並多親近有德行的朋友。

孩子交到好朋友的祕訣：

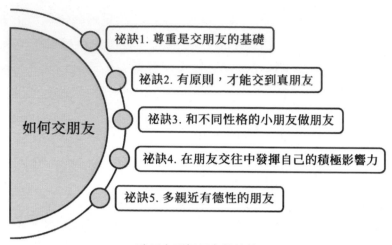

孩子交到好朋友的祕訣

祕訣 1：尊重是交朋友的基礎

　　我們要讓孩子明白：想要讓別人願意和自己做朋友，就要先讓自己成為別人的朋友。所以，學會尊重他人是交朋友的基礎。一切以自我為中心，自己喜歡的就要求別人喜歡，自己不喜歡的也不允許別人喜歡，這樣的做法自然不可能交到朋友。「敬人者，人恆敬之；愛人者，人恆愛之」，這句話很好地概括了交朋友的道理。能夠寬容大度、以誠待人的孩子，就能交到各種性格的朋友。對孩子來說，這是一種享受，同時也是自己的資本，能為自己今後步入社會做好鋪墊，奠定好基礎。

祕訣 2：有原則，才能交到真朋友

　　家長要告訴孩子，有自己的原則，有自己的行為規範，才能交到真正的、有益的朋友。

　　原則也是防止孩子跟「壞朋友」學壞的唯一方法。我們要幫助孩子建立起他的規則。

對年齡比較小的孩子來說，和周圍同儕一塊玩遊戲其實更多的是獨立遊戲，即雖然大家在一起玩，但都是自己玩自己的，同伴之間的交流以及影響在這個階段是很少的。隨著年齡的增長，孩子開始需要能與自己產生互動的同伴，能夠和自己一起進行遊戲和活動的同伴。處在這個時期的孩子對周圍事物已經有了一定的認知能力，雖然不能和成人的認知程度相比，但此時的孩子已經會有意識、有目的地去模仿他人的行為，不再是單純地為了模仿而模仿。

我們常常擔心孩子被同儕帶壞，其實孩子即使和同儕一起做壞事，其對同伴的模仿因素通常也只占一小部分，更多的因素是孩子無法控制自己的好奇心與探索欲。這個時期的孩子正處於建立習慣和規則的時候，他們對於秩序規則還沒有具體的概念。孩子做出家長認為「過分」的事情來，很可能是因為的好奇心過重以致忘記了規則而造成的，或者孩子根本就不知道這方面的規則。所以，我們將不好和過錯都推到孩子所處的環境上，是錯誤的。

我們只有平時就對孩子做出規則約束，同時建立起良好的家庭氛圍，幫助孩子形成自己的規則，才能夠使孩子避免被周圍環境帶壞。

家長對於自己孩子的朋友要表現出尊重，可以適當地表達出自己對孩子朋友的看法。

祕訣3：和不同性格的小朋友做朋友

家長應該多鼓勵孩子去交朋友，對於孩子的朋友圈不要做太多干涉。

雖然絕大多數家長都認為讓孩子多交不同類型的朋友，體驗不同的生活環境有助於孩子的成長，但是在現實生活中，相當一部分家長並不願意孩子多交朋友，還給孩子劃定了一個範圍，想讓孩子按照自己的看法去

交朋友。碰到自己認為不好的孩子就會想方設法地阻止自己的孩子和其玩耍。

這種做法很容易將成年人世界中的功利心帶入孩子的世界。對於家長的這些做法，有些孩子會迷茫，不知道自己應該如何按照父母的標準去選擇朋友，不知道如何同周圍人相處。部分孩子還會產生反抗心理，反而更願意和那些父母認為不好的同伴做朋友。總而言之，父母的初衷是好的，但是這種做法確實是錯誤的，會影響到孩子的社交能力，不利於孩子今後的發展。

目前有研究證明，和擁有不同成長經歷、不同生活環境的人做朋友，能夠讓孩子更具有包容性，更能夠理解他人、體諒他人，並且組織領導能力也會更強。所以，對於孩子的交友，父母應該多鼓勵，少限制。

祕訣 4：在朋友交往中發揮自己的積極影響力

當孩子周圍的朋友中出現一些不良行為時，家長可以鼓勵孩子用自己的正能量去影響那些有不良行為的孩子，這樣不僅能幫助其同伴改正自己的行為，也能讓孩子學會如何對抗不良行為的影響，並且在這個過程中，孩子的自信心也會提高，在周圍同伴中的影響力也能得到增加。

祕訣 5：多親近有德行的朋友

《弟子規》中說：「能親仁，無限好；德日進，過日少。不親仁，無限害；小人進，百事壞。」意思是：如果能夠親近有仁德的朋友，向他學習，是無限好的事情；仁德的朋友會使我們的德行與日俱增，過錯逐日減少。如果不親近有仁德的朋友，就會帶來無限壞處；小人會趁虛而入並影響我們，使我們變壞。

　　當然，父母也要為孩子的社交做出表率。要想讓自己的孩子正確地交朋友，擁有良好的社交能力和心理，父母自身就應該為孩子做出表率。在和周圍人相處時，要相互幫助，相互尊重，學會寬容，理解他人，讓孩子在不知不覺中學會社會交往。如果父母自己的社會交往就一塌糊塗，那麼孩子處於這樣的一個生活環境中，又怎麼能擁有良好的社交能力和心理呢？

第六章
愛的代價

　　有位媽媽對我說：「我罵也罵了，打也打了，管得比誰都嚴，為什麼我的孩子還是不乖？為什麼還在外面打架？為什麼孩子的成績還是上不去？為什麼寫作業還是那麼拖拖拉拉？為什麼還是那麼不懂事？為什麼？」

　　原來她以為：打、罵就是教育，就是愛。

　　愛不僅僅是打罵，它是需要付出代價的。

　　真正的愛和教育，是從尊重開始，由智慧護航，以接納為根基，同時，在不同的階段，有長處給予孩子不同的愛。

31.
怎麼做是尊重孩子的表現

真正的愛，源於尊重。父母對孩子的付出，也應該從尊重開始。

父母給予孩子尊重的重要程度，不亞於給予孩子物質和關心的重要性。

怎麼做，才是尊重孩子的表現？

如果我問：「孩子是誰的？」

相信很多家長都會回答：「是我們的啊。」

我要說：孩子不是你們的。孩子是屬於國家的。孩子既屬於國家，也屬於他們自己。父母生養孩子，但是不代表孩子是父母的私有財產。

孩子是國家的寶貴財產，父母並不是孩子的主人，父母只是孩子成長過程中的臨時監護人。

只有明白了這一點，父母才能擺正自己的位置。

尊重孩子，就不要把孩子看作是自己的私有財產。

有一個理念風靡全球，現在到了我們接觸它的時候了：對待孩子，第一不可冒犯他們，第二不可輕視他們。

什麼是冒犯？當我們對孩子做了不該做的事情的時候，我們就冒犯了孩子。比如說，當我們在不應該發怒的時候，說出那些傷害孩子的話，傷害了他們敏感的神經，我們就在冒犯孩子。

什麼是輕視？當我們沒有為了孩子的成長做那些該做的事情，就意味著我們已經輕視了他們。身為父母，應該和孩子一起成長，學習和他們相處的模式，學習和孩子交流的語言。如果我們沒有這麼做，就是輕視了孩子。

■ 第一，不去冒犯孩子

很多小孩會在成長的過程中出現說謊的行為，這個行為是正常的，它需要大人善意的引導。

當你的孩子說謊的時候，你是怎麼做的呢？

當你的孩子出現一些不問自取的行為時，你又是怎麼做的？

爸爸媽媽是否在那兒笑？是否嘲諷了孩子？是否互相使眼色？

在你笑出來的那一刻，在你們互相使眼色的時候，你已經冒犯了自己的孩子，輕視了他們的情感。

不要利用他們的安全感和恐懼心 ——

父母常常會以為：小孩子什麼都不懂，長大以後也不會記得小時候的事，所以不必顧忌他們的感受，可以隨意地嘲笑和戲弄他們。父母在期望孩子改正錯誤的時候，常常會說：「你這樣做，我就不喜歡你了。」

甚至有更過分的父母會說：「你再這樣我就不要你了。」

有些家長常把感情當成籌碼，利用孩子的恐懼心，來達成自己的目的。

但是在這個過程中，孩子受到的傷害很難彌補。孩子是非常敏感的，他懂的事情，遠比你想像得多。

不要嘲笑孩子的行為 ——

我見過很多小孩子，對於自己的一些行為，比如他想吃東西，不好意思告訴父母，就自己偷偷去拿來吃。

這是一個很小的行為，但是父母發現的時候，就會忍不住發笑，甚至對孩子指指點點。

這對孩子來說，就是一種心靈的冒犯：孩子所有的行為和嘗試，都代表他在探索。你的嘲笑，其實已經傷害了他的自尊心。

因為他不知道怎樣才是對的。

■ 第二，不要輕視孩子

不要因為孩子的小過錯太可愛了，就輕視 ——

對於孩子犯的每一個錯誤，父母都要加以引導。不要因為覺得孩子犯的小錯誤太可愛了，就輕視。

很多父母看到孩子犯一些無傷大雅的小錯誤，覺得沒什麼，就不了了之了，這時孩子就會覺得，自己的淘氣不會受到懲罰，那麼下回他就會錯得更多。

對於教育孩子，不因惡小而讓其為，不因善小而不讓其為。這些都是教育的根本準則。

有時候父母會放棄這個準則。比如說，一個媽媽帶著孩子在公園裡玩，健身器材上已經有人在玩了，這個人看到有小孩子來了，就讓給其他人玩。

對於這個謙讓行為，媽媽就對孩子說：「快對人家說『謝謝』。」

但小孩子直接上去玩，既不說「謝謝」，也不看謙讓的人。

媽媽覺得這沒什麼，就不再去想這件事。

這是一件非常小的事，說不說「謝謝」可能那個人並不在乎，但是對孩子來說，這很重要 —— 父母沒有把感恩的種子播在孩子的心裡，孩子就認為別人為自己的付出是理所當然的。

這就是對孩子成長的輕視。

不要強制性地改正孩子的行為，卻不告訴他為什麼 ——

為了促進孩子的成長和進步，父母常常會按照自己的意志，強制性地讓孩子改正錯誤的行為，但常常只強制孩子改正其行為，卻不告訴孩子為什麼。

這也是對孩子教育的輕視，對他們心靈的輕視。

當孩子做錯事情，比如弄壞了某個哥哥姐姐的玩具，或者吃蛋糕的時候因狼吞虎嚥等一些不恰當的行為影響了別人時，父母往往會強制性地要求他改正，對他說：不可以，不行，不允許，不能！

如果孩子不聽，有的父母可能會打孩子，或者對孩子進行冷處理。

在這個過程中，孩子知道了什麼是被強迫。

這時候，你做的就是冒犯和輕視他的事情。

在孩子 3 歲以前，父母強制性地糾正孩子，孩子可能會表現得很順從。

但是父母會發現，隨著孩子越長越大，他會越來越反叛，他說「不」的次數會越來越多。父母的壓制也會越來越嚴重。

最後會導致兩個結果：

第一個結果：孩子徹底被你征服，但是失去了自我。

孩子沒有了自己的個人意志，也沒有了自己獨立的精神世界，你說什麼，孩子就做什麼。

那些長大後唯唯諾諾、事事都要父母操心和代勞的孩子，就是這一結果的犧牲品。

第二個結果：哪裡有壓迫哪裡就有反抗，孩子變得越來越叛逆。

那些在青春期最叛逆的孩子，甚至長大以後還事事和父母對抗著來的人，就屬於這一種。

這就是輕視孩子的後果，我相信這兩種後果都是父母不想看到的。

不輕視孩子，首先要把孩子當成一個獨立的人去與之溝通，要像和大人講道理那樣和孩子講道理。

讓他知道為什麼不可以，為什麼要那麼做。

不要輕視孩子的教育來源 ——

　　很多人因為忙，把孩子託付給一個沒有多少文化素養的保母全權負責。這可不是好兆頭，即使是保母，也要盡量選擇那種知書達理的保母。

　　父母常常會忽視孩子的教育來源，一個不懂事、沒文化涵養的保母，常常會用一些錯誤的方式去教孩子。

　　當孩子做錯事情時，保母為了避免麻煩，不是教育孩子，卻也不是告訴孩子父母，而是對孩子說：「如果你今天晚上不哭鬧，乖乖的，我就不把這件事情告訴你的爸爸媽媽。」

　　保母為了避免麻煩，和孩子聯合起來說謊。而孩子會模仿保母的行為，他會意識到，如果自己做錯事情，除了坦誠，還有欺騙這一應對方法。你所不知道的是，這一點點的語言和行為，就能影響孩子對未來世界的判斷和價值觀的形成，就會在孩子心中種下欺騙這個惡習的種子。

　　所以，不要輕視孩子的教育來源，當你發現孩子跟別人學了不好的習慣時，一定要讓孩子盡快遠離這個源頭。

32.
如果我這樣做，說什麼孩子都會聽

媽媽的來信：孩子說話總是拐彎抹角怎麼辦？

我的寶貝 4 歲，是一個男孩子。從他學會說話開始，我就發現他總是拐彎抹角地表達。小的時候，他看到桌子上有餅乾，想吃，但又不說，也不要求我給拿他，反而問：「媽媽，桌子上的東西是什麼啊？」

我說：「餅乾啊。」

過一會兒，他又問：「媽媽，桌子上的餅乾好吃嗎？」

我說：「寶貝，你是想吃餅乾嗎？」

他不作聲。一般在這種情況下，我就不再搭理他了，除非他直接把需求說出來。儘管他得不到滿足，但也不會哭鬧，只是默不作聲。

今天我帶他出去玩，回來的路上我們在販賣部買東西，他盯著冰箱裡的飲料說：「媽媽，我渴死了。」

我說：「你要喝什麼，直接說好嗎？說了媽媽就買給你。你不直接說的話，我們就回家喝水。」

他不回答我，只是不斷地重複「渴死了，渴死了」，就是不說要喝飲料。

每次遇到這種情況，我的應對措施是：你不直接說出來，我就不搭理你。我對他說過很多次：「只要你直接說，媽媽就買給你或拿給你。」

但是成效甚微，他下次照樣拐彎抹角地說話。

為了糾正他這一習慣，我試過很多方法，包括教育他「你這樣做是不行的」，「不能拐彎抹角地對爸爸媽媽說話」，「為什麼你要拐彎抹角？」

但是通通沒有效果。

我的孩子為什麼會這樣？是害怕被我拒絕嗎？

但是我對他並不苛刻啊，通常他要的我都給他買給他了，出門也常常給他買玩具和吃的。我和孩子爸爸都是很直接的人，不明白孩子為什麼說話總是拐彎抹角。

為什麼孩子說話總是拐彎抹角？為什麼不管你怎麼說，孩子都不聽？

也許，是你說話的方式出了問題。

在我的成長過程中，也曾經有過說話「拐彎抹角」的年齡。這種情感，其實只是我「不好意思直接表達自己的欲望」罷了。

我覺得一個好孩子，是不該讓父母添麻煩的，是不該有不合理的願望的。我衡量合不合理，通常是以父母臉色為標準的。

當孩子拐彎抹角地提出要求時，如果父母對孩子拐彎抹角的方式表示了拒絕，孩子就更不敢直接提要求了。所以孩子繼續拐彎抹角地說話，期望在不直接表達自己欲望的同時，父母能夠主動滿足自己。

但結果是，孩子越這樣，父母就越拒絕孩子。

這對孩子來說，是一個無解的循環。

在電視節目《爸爸去哪兒》中，陸毅的孩子貝兒是一個非常可愛、懂事的小孩，可是不知道大家有沒有注意，貝兒也是一個說話拐彎抹角的小孩。

節目中有一個情節是，貝兒到市場買麵條，但是口袋裡的錢不夠了。於是她站在麵條攤面前，一邊摸麵條，一邊說：「哎呀哎呀，我沒錢了……」

她就是不肯直接說：「我想買麵條。」

這種說話拐彎抹角的小孩，往往是因為「太懂事」。只有早慧的孩子才會說話拐彎抹角，但是父母常常認為這是孩子「性格有問題」。

■ 如果我這樣做，說什麼孩子都會聽

了解了孩子行為背後的原因之後，身為父母，你又該如何做呢？

如果家長能採取以下方式，那麼無論你說什麼，孩子都會聽。

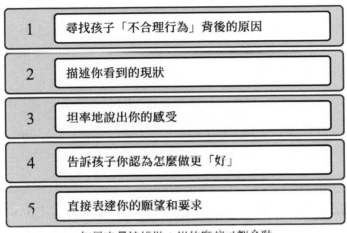

1	尋找孩子「不合理行為」背後的原因
2	描述你看到的現狀
3	坦率地說出你的感受
4	告訴孩子你認為怎麼做更「好」
5	直接表達你的願望和要求

如果家長這樣做，說什麼孩子都會聽

第一步：尋找孩子「不合理行為」背後的原因

父母應該養成一個習慣，就是當孩子有不合理的行為時，要先去探尋其背後的內在原因。

如果不去思考其不合理行為背後的原因，一味將這歸結為孩子的性格問題，是不妥當的。

孩子的心靈是慢慢成長的，在孩子沒有自己的獨立見解和判斷之前，很多成人看起來理所當然的事情，對孩子來說，卻是嶄新的，是需要他們去學習和領悟的。

所以，不要從成人的角度去揣度孩子的邏輯。

在孩子三四歲甚至更小的時候，敏感的小孩已經學會了察言觀色，但是孩子的判斷能力還沒有養成。他只能隱隱約約地感覺到「媽媽生氣

了」、「媽媽不喜歡我說的」（至於是不喜歡我買東西，還是不喜歡我說話拐彎抹角，孩子是領會不到的，所以，孩子只能採取迂迴的方式）。

來信的那位媽媽說：「他得不到滿足，也不哭鬧，只是默不作聲。」當孩子的需求沒有被滿足時，他並沒有像有的孩子那樣，一味哭鬧耍賴。這說明對他來說，比起自己的需求被滿足，他更重視媽媽的態度。

第二步：描述你看到的現狀

如果不想讓孩子拐彎抹角地說話，首先，自己也不要拐彎抹角地說話。

雖然他想要零食和玩具，但是當他覺得你並不「樂於」這麼做時，他就會選擇控制自己。

當你在不接受孩子「拐彎抹角」的說話方式的時候，你的應對是「你不直接說出來，我就不搭理你。」「想要什麼和媽媽直接說。」這不也是另外一種拐彎抹角嗎？你明明知道孩子想喝飲料，卻採取這種應對方式，孩子的內心也許會被失落和難過所充斥。

孩子的溝通習慣不是一次、兩次形成的，或者說，他曾經直接向你提出要求，但是被你打擊和反對過，以致他不敢再直接了。

所以，父母首先要坦率地面對孩子。說出你觀察到的情形，可以使孩子了解到「你已經明白他想要什麼了」。比如，你可以溫柔地對孩子說：「寶貝，你這麼說，是想喝飲料，是嗎？」

第三步：坦率地說出你的感受

如果你不說，孩子並不知道你的感受。互相交流感受，是合作的開始。家長也需要告訴孩子自己的感受。很多家長常常犯的錯誤是，認為「自己已經表達得很清楚了」，但是對孩子來說，這仍然是「拐彎抹角」。

在這一步，你可以直接地告訴孩子你的感受：「寶貝，如果你不直接

告訴媽媽你想喝飲料，每次都讓媽媽這麼猜，媽媽真的會很累哦。有時候媽媽真的猜不到啊。」

第四步：告訴孩子你認為怎麼做更「好」

在這一步，父母要對孩子說明自己的理念：「寶貝，媽媽認為，如果你想要什麼，就直接告訴爸爸媽媽，那爸爸媽媽會非常非常開心的！因為爸爸媽媽和寶貝之間，是不應該猜來猜去的！」

第五步：直接表達你的願望和要求

直接表達願望和要求，能夠使一切最後落實到事情、習慣本身，孩子也能更好地理解父母的需求。比如這樣說：「寶貝，媽媽希望你下次想吃餅乾的時候，直接告訴媽媽，好嗎？」

一開始這樣做時可能有點困難，孩子已經養成的習慣是不容易糾止的，但是父母應該有耐心，慢慢地反覆進行。甚至可以先滿足孩子的請求，然後告訴孩子「下次直接說也可以哦」。幾次下來，孩子就會對你產生信任感和安全感，因而主動地提出請求。

媽媽的回信：以前我沒有對孩子說出過我的感受

原來孩子所有行為的背後，都有其深層的原因。我反思了自己，確實在孩子小時候，在吃東西方面我曾嚴厲地限制過他。

他小時候肺不好，很容易咳嗽，而且一亂吃東西就會發燒，所以我就限制他的飲食，往往別的小朋友能吃的，我不允許他吃。他跟我提要求，我就說：「不行，這個不能吃。」

可能我拒絕得多了，他就養成了不直接提出請求的習慣。

今天他爸爸答應他，寫完作業可以喝優格。他寫完了作業，對他爸爸說：「爸爸，我作業寫完了。」

他爸爸忘了優格那回事了，應了一聲便不理他了。

過了一會兒，他又說：「爸爸，我寫完作業了。」

我這才意識到他想喝優格，就問他：「寶貝，你是想喝優格嗎？」

他不吭聲。我接著問：「你這麼說，是想喝優格嗎？」

他還是不應聲，並且看起來有點生氣了。

我想了想，就把優格拿給了他。他喝完優格，情緒還不錯，我就一邊和他玩玩具，一邊問：「寶貝，我可以問你問題嗎？」

他說：「好啊。」

我說：「剛才你和爸爸媽媽說寫完作業了，是想喝優格嗎？」

他說：「是啊。」

我說：「可是你不直接說，讓爸爸媽媽猜，猜來猜去真的好累啊。每次你都不直接告訴媽媽，讓媽媽有點傷心呢。」

他說：「但是……我忘記怎麼說了。」

他表現出很內疚的樣子，開始不停地揉衣角。

我說：「沒關係哦。忘記沒關係。但是媽媽覺得，如果寶貝想吃什麼，想要什麼，能直接告訴爸爸媽媽，爸爸媽媽會非常非常開心的！」

他說：「知道了。」

我抱著他說：「那寶貝答應媽媽，下次想要什麼的時候，直接跟爸爸媽媽說出來，好嗎？」

他說：「好的！」

以前我從來沒有對孩子直接說出過我的感受，只是不停地限制他的行為，告訴他我想要他怎麼做，一直成效甚微。但是透過今天我和他的對話，他顯示出了內疚和抱歉的意思。

我想，多試幾次，他的說話方式一定會慢慢轉變的。

33.
很多時候，我先否定的是自己

你如何看待自己和孩子的關係？又如何看待孩子的問題？

當孩子出現問題時，其實父母才是問題的根源。父母的錯誤像是植物的根莖，孩子的問題則是根莖上開的花。

但現實中，很多父母往往只看到了孩子身上的「問題」，卻不知道其實孩子的問題是由父母造成的。

■ 孩子的問題，其實本質上是父母的問題

當你從孩子身上看到錯誤、問題時，其實是你們的錯誤，投射到了孩子身上。

沒有生下來就壞、就不懂事、就有問題的孩子，孩子的問題都是父母的不當教育造成的。

如果孩子有問題，首先是父母的問題。

是我們的眼睛，把美玉看成了充滿瑕疵的石頭。所以在評判孩子之前，我們要先看看自己的眼睛有沒有問題。

■ 父母的問題越大，對孩子的要求就越多

如果你是一個充滿問題的家長，那麼你一定擁有一個充滿問題的小孩。

這些問題的本質，是父母的恐懼心 —— 擔心孩子成長得不夠好，擔心孩子輸在起跑線上，擔心孩子不如別的孩子。

這些恐懼加劇了父母對孩子的掌控欲。父母越是恐懼，就越要控制教育，不斷地在孩子身上發現問題，不斷地教育孩子。

父母的問題越大，恐懼心越強，對孩子的要求就越多。因為父母的要求太多了，當孩子達不到父母複雜、多樣的要求時，孩子在父母眼中的問題也就越來越多。

當你說：「我的孩子問題很多，很難教育」時，請你冷靜地思考一下：真的是如此嗎？假設不是你的恐懼心在作祟，沒有你對孩子苛刻的要求，孩子真的是一個很難教育、有很多問題的小孩嗎？

反思是父母成長的開始。

■ 最好的父母常常是「無所畏懼」的

孩子本身是自由自在、無憂無慮的，家長的恐懼心卻牢牢地把孩子束縛住了。爸爸媽媽們都希望自己的孩子長大之後能夠成龍成鳳，有足夠的能力自立。

那麼，如何培養出這樣的孩子？

答案是讓他們自由成長。自立是一件不需要教，孩子自己就能學會的能力。過去是家長的百般阻礙，妨礙了他們的成長。如果一個孩子能夠按照他本身的天性去成長，那麼這個孩子長大後，他的天賦也將發揮到極致。

當你是一個無所畏懼的父母時，你才能培養出這樣的孩子。你不要擔心孩子長歪了怎麼辦，不要用一點兒小事就揣測他的未來，不要將孩子的一點小錯誤無限放大成他以後的失敗。

做個無所畏懼的父母，這樣孩子長大後，他的天空才能變得更廣闊。

34.
「接納」是我必須練就的「勇敢的智慧」

爸爸的來信：為什麼我的兒子脾氣這麼壞？

我的兒子今年 3 歲，他是早產兒，小時候身體比較弱，動不動就要去醫院，所以我們對他比較溺愛，對他的要求也都以滿足為主。

但是從他上幼稚園開始，我發現他跟同齡的孩子比起來脾氣要大得多，控制情緒的能力也非常差。如果他的要求得不到滿足，他就會一直哭鬧。

昨天晚上，他非要第二天帶他的變形金剛去學校，這個變形金剛很大，不好帶到幼稚園去。我就試圖說服他，但是一點效果也沒有，他坐在地上不停地哭。

孩子媽媽比較怕孩子鬧，就答應讓他帶變形金剛去上學。對此，我非常頭痛。

為什麼孩子控制情緒的能力這麼差？為什麼這麼小的孩子脾氣這麼壞？

我覺得自己的教育很失敗。

很多家長都會為了孩子的脾氣而感到頭痛。當孩子大發脾氣，家長又無可奈何時，甚至會想：為什麼要養孩子？為什麼我的孩子脾氣這麼壞？為什麼別人的孩子不這樣？

要回答這個問題，首先要搞清楚一件事：孩子為什麼會發脾氣？

孩子和大人發脾氣的原因可不一樣，大人發脾氣可能是因為自尊受到了傷害，也可能是別人的行為冒犯了自己。

但是對孩子來說，發脾氣的原因永遠只有一個：那就是他的願望沒有實現。

比如說，孩子想做什麼，卻發現自己做不到的時候，或者他要做的事情被大人阻止時，他就會產生失敗感。這種失敗的感覺他不知道如何去處理，就會用發脾氣的方式發洩出來。

新年的時候，親友聚會，我的幾個朋友的孩子聚在一起玩，其中幾個小孩子在玩衝鋒槍，比較吵，另外一個4歲的小孩在一邊玩積木。這個玩積木的小孩可能覺得其他孩子吵到他了，就試圖阻止其他小孩玩衝鋒槍，但是他們怎麼會聽他的？

於是這個小孩就開始大哭，引來了大人。大人問他為什麼哭呀，他就抽抽噎噎地說：「太吵了他們！玩那個太吵了！」

在場的大人都笑了，真是孩子呀。這麼點事情也會哭。他的媽媽就說：「有必要嗎你？能有多吵！這就哭了，你怎麼那麼多事啊？」

這個孩子聽到媽媽責怪哭得就更屬害了。

在我看來，這卻不是「有多吵」、「吵的程度值不值得哭」的事情，而是一個孩子，一個小小的人，在面對他人生中早期的「失敗體驗」。

他覺得吵，想阻止，但是阻止沒有成功，他失敗了。

大人往往能夠處理這種失敗，能夠處理這種失敗的情緒，能夠意識到「失敗是很正常的事情」，但是對孩子來說，他並不懂得失敗是很正常的事情，也不知道該如何面對他人生中的失敗體驗。

所以，他就用哭鬧、發脾氣的方式來釋放壓力。

■「接納」是父母必須練就的智慧

接納孩子的情緒和行為，是父母必須練就的智慧。

孩子的壞情緒和壞脾氣，是孩子面對這個世界時最真實的態度，也是孩子成長過程中的必經之路，孩子總是先學會發脾氣，而後才能學會面對脾氣，控制脾氣。

所以，爸爸媽媽們，首先要學會接受「孩子發脾氣是非常正常的」這一理念，要尊重孩子的脾氣。

有時孩子自己都不了解自己的情緒，不知道生氣、傷心、挫敗、失望，他能做的只有發脾氣這一件事。隨著他的成長和家長的引導，他才會慢慢學會識別自己的情緒，進而進一步控制自己的情緒。

第 1 步接納：學會接納孩子的行為和情緒

孩子也會有他的開心、生氣、委屈、悲傷和快樂，但是孩子在很小的時候並不知道這就是生氣，這就是悲傷，這就是委屈。

大人可以教育孩子如何識別自己的情緒。如果一個孩子在發脾氣，大人首先要理解：孩子生氣是很正常的，如果你做事被人打斷，你覺得難受，也會生氣。

不要用完美的標準去要求孩子，世界上也沒有完美的孩子，只有被大人的欲望壓抑的孩子。

所以，當孩子發脾氣，開始尖叫、大哭、扔東西、撒鬧打滾的時候，大人首先要溫和地接受「孩子也會有情緒」這一事實，而不是大聲地制止：不許哭！不許叫！

你肯定會有這樣的經驗：如果孩子正在哭，你對他說：不許哭！往往只能造成反效果。因為哭泣本身是一種良性的發洩情緒的方式，是一種情感的正常反應。當大人要求孩子不許哭的時候，其實是在限制孩子的正常情緒反應。

家長的正確做法是接納—接納孩子也會生氣和傷心，接納孩子也需要透過哭來發洩情緒。

當我的孩子哭的時候，我從來不會大聲地吼他：「不許哭！」

我會把孩子抱在懷裡，溫柔地說：「很傷心是吧？很想哭是吧？想哭

就哭一會兒。哭一會兒就不難受了。」

這樣孩子首先會感受到被大人接納、接受的安全感。

往往當家長這麼做的時候，孩子的哭聲很快就會停止，因為安全感本身會帶來好情緒。就像我強調過無數次的：有了好情緒才有好行為。要想情緒好，首先要接納他。

第2步分析：幫助孩子分析自己的情緒並表示理解

告訴他為什麼他會有這樣的情緒，為什麼會感到生氣、傷心、委屈、快樂。

家長可以告訴孩子：你知道你為什麼生氣嗎？生氣是因為你做不到，你感到很失敗。爸爸理解你很生氣。

來信的爸爸可以這麼跟孩子分析：因為爸爸不讓帶玩具你生氣了是吧？你很想把那個玩具帶到幼稚園，但是爸爸不允許，你感覺很失敗、感到委屈，所以發脾氣了。爸爸理解你很生氣，理解你真的很想把玩具帶到學校去，但是這樣真的不行哦，幼稚園老師不允許，而且幼稚園裡也有足夠的玩具給你玩。其他小朋友都不帶玩具去幼稚園。所以你生氣，爸爸也不能讓你帶玩具，但是爸爸可以陪你生氣一小會兒。

第3步合作：和孩子一起解決情緒和問題

如果孩子一直發脾氣，那麼家長可以和孩子一起解決問題。

比如孩子因為一點兒小事而一直發脾氣，家長可以試著告訴孩子：「如果你一直這麼發脾氣，爸爸媽媽就不知道為什麼。爸爸媽媽很想幫助你，但是不知道你到底哪裡不舒服，哪裡不開心，這樣，你告訴爸爸媽媽，你為什麼發脾氣，我們一起來解決問題好不好？」

家長幫助孩子學會控制自己的情緒的祕訣具體如下：

從繪本和故事中教會孩子識別情感和情緒 ──

家長通常都比較重視理性教育，而忽視了情感教育。研究顯示，在幼兒時期受過完善的情感教育的孩子，長大後的心理彈性更大、思考問題會更積極，同時他們和其他人的相處也會更和諧。

家長對孩子的情感教育，可以從繪本和故事入手。

當家長為孩子講解繪本的時候，可以把重點放在繪本人物或動物的表情和心情上，使孩子能夠透過繪本人物或動物的動作和表情去體察它們的感情。家長可以和孩子一起品味繪本中每個角色的心路歷程，感受他們思想和情緒變化的過程。

比如說：「看，小鴨子垂著頭，臉也是耷拉著的，小鴨子非常地沮喪……看，小鴨子的眼睛多麼憂傷啊！」

孩子只有先學會識別情感，才能進一步學會處理情感。

家長自己要學會保持冷靜 ──

當家長發現自己沒有辦法阻止孩子發脾氣時，往往自己也會發起脾氣來（成人和孩子其實是多麼像啊）。

但發脾氣是於事無補的，因為孩子發脾氣是本能反應，他們並不是有意要發脾氣給誰看。而家長發脾氣，會讓孩子覺得非常困惑。

當你一邊發脾氣，一邊和孩子解釋什麼不能做時，孩子是理解不了你的話的。因為孩子首先會注意到你的情緒，而不是你表達的言語。

所以家長在面對孩子時，要溫和冷靜地處理問題。

讓孩子擁有自己情緒的自主權 ──

讓孩子處理自己的情緒並不意味著家長可以對孩子發脾氣這事置之不理，任何情況下，我都不建議家長讓孩子「自己哭，不管他」、「自己生氣，不管他」。

　　讓孩子自行處理的意思是，既不視而不見，也不強行制止，給予孩子自己處理的權利，讓他們自由決定什麼時候「不哭」、什麼時候「不生氣」，但同時家長也要時刻保持對孩子的關注。

　　要告訴孩子：「你可以哭，傷心就哭一會兒，等不想哭了，我們再說。」或者對孩子說：「你要生氣就生氣一小會兒吧。等不生氣了我們再來處理問題，好嗎？」

　　當孩子自己掌握決定權時，他首先感受到的是不被限制的自由，以及被大人關注的溫暖。在這種情況下，孩子往往能夠很快學會如何處理自己的情緒。

　　在處理情緒這件事上，不要小看任何一個孩子的潛力。

　　明白身為父母言語的力量 ──

　　父母在孩子面前說話時，要注意自己的措辭，尤其不要隨意就為孩子下結論。要就事論事地表達你自己的意見和想法，而不是直接就為孩子下結論。

　　學會對孩子說「不」──

　　學會對孩子說「不」是不縱容孩子的一個重要的法則。但這並不表示家長可以隨意地對孩子說「不」。當你拒絕孩子之後，還要為孩子分析拒絕他的原因；轉移孩子的注意力；給出其他代替的選擇；使用幽默的方式化解問題；使用延遲滿足的方法；尋找孩子提出違規要求的真實原因。

　　爸爸的回信

　　這天早晨一起床，孩子就開始哭鬧。先是讓他起床他不起，而後還是要帶變形金剛去上學。孩子媽媽不管他，他就躺在地上裝哭，一邊哭一邊說：「我生氣了！我生氣了！」

　　於是我對他說：「寶寶，你要哭就哭一會兒吧。等你不想哭了，再起來找爸爸媽媽給你穿衣服。」

他看到我們不哄他，也不罵他，感到很新奇（通常他哭個不停的時候我們不是哄他就是罵他）。

他躺在地上又假裝哭了一會兒，看我們還是不理他，哭聲慢慢就弱了。大概過了 10 分鐘吧，他自己爬起來說：「寶寶不哭，寶寶不生氣了。」

我馬上給予積極的鼓勵：「哎呀，你真厲害。寶寶真了不起。自己哭一會兒就好了，真是個堅強的好孩子。」

他顯露出很高興的樣子。我接著說：「那好，你過來，爸爸和你說兩件事。」

他走過來，我一邊替他整理衣服一邊說：「你知道為什麼不讓你帶變形金剛去幼稚園嗎？」

他說：「不知道。」

我說：「首先，幼稚園不允許小朋友帶那麼大的玩具去學校。最重要的是，你帶過去會影響其他小朋友。如果每個小朋友都不遵守紀律，每個小朋友都帶自己的玩具，那幼稚園會多亂啊。你願意嗎？」

他說：「不願意。」

我說：「既然不願意，我們就不帶變形金剛去幼稚園。我把它放在家裡，等你回家再和它玩好嗎？」

他說：「好，那你幫我看好它，別讓它跑了。它會跑的。」

原來孩子是怕變形金剛跑了啊，怪不得一直要求帶它去幼稚園。這件事對他來說確實很嚴重啊。

於是我向他鄭重地保證：「爸爸一定幫你看好變形金剛。」

他很開心地上學去了。我沒想到，他居然這麼快就能自己調節過來，看來孩子的潛力確實非常大啊。

35.

孩子的所有感受都應該被接納，只有行為是需要被限制的

媽媽的來信：為什麼我的孩子不喜歡去奶奶家？

我女兒今年 5 歲，因為我工作忙，以前週一到週五一直是她奶奶帶，到了週末我才接回來自己帶。

從今年開始，我把她接回家，週一到週五我帶，週六日請她奶奶帶。

女兒很乖，但是每次去她奶奶家，她都表現得非常不樂意。甚至這幾次，每次去奶奶家之前，她都會哭鬧很久。

我又急又氣，試著和她講道理她也不聽。後來她衝我大喊：「我就不想去奶奶家！我討厭奶奶！」

我驚呆了，說：「妳怎麼能這樣說奶奶？太過分了！妳這孩子沒良心嗎？以前都是奶奶帶妳的，奶奶對妳多好，妳怎麼能這樣說？以後妳再也不許這麼說！」

她哭了，然後我讓她好好想想。

我非常頭疼，為什麼這個孩子會這樣？奶奶對她那麼好，為什麼她就不愛在奶奶家待著？為什麼說討厭奶奶？

很多人在有自己的孩子之前，都認為自己一定會成為最好的父母，充滿耐心，接納孩子，給予孩子保護和指導，同時容忍他們的一切行為。

但是，當孩子真正降臨到自己的生活中，瑣碎的小事很容易磨盡父母的耐心，父母需要不斷自我鼓勵，才能面對「兵荒馬亂」的育兒生活。

「我討厭跟他玩！他髒死了！」 —— 「你怎麼能這麼說呢？」

「我就不吃這個！」 —— 「你這孩子怎麼不聽話？」

「我不想回房間！我不想寫作業！寫作業會累死我！」──「你才不會因為這個累死！」

「這件衣服太醜了，我不想穿！」──「不許你這麼說！」

「這個節目好蠢啊，哈哈！」──「不許你這麼說！」

「我傷心得要死了！」──「你並沒有那麼傷心！」

這樣的對話往往充斥在親子生活的每一天。對父母來說，孩子說出來的話常常讓他們備感驚奇：這小小的人兒是什麼時候有了自己的思想，有了自己的反抗心？那些「好蠢」、「好髒」、「我討厭」的話語和情感到底從何而來？

父母們常見的心理失誤是：怎樣「扭轉」孩子的負面情感？

但我要告訴你：試圖扭轉孩子負面情感的這種想法，是完全錯誤的！

情感就是情感，對孩子來說，都是非常單純、直接的感受，沒有正面、負面之分。

「負面情感」，是父母強加給孩子的概念。

■ 好感受＝好行為

家長不應用成年人的想法去看待孩子的感受。需要糾正的是孩子的行為，而不是真感受。孩子和成年人不同，成年人的行為是由理智決定的。而孩子的行為，往往和其感受有直接關係。

如果孩子的感受好，那麼他們就會表現出良好的行為。

讓孩子的感受變好的最好方法，就是父母接受他們的感受。

父母常常會在不知不覺間否定孩子的感受，以輕蔑和否定的態度對待孩子：

「你沒必要那麼傷心。」

「你怎麼能這麼說呢？」

「你才不會因為這個累死！」

「你可真是沒良心！」

回想一下，你在幼年時期，是否也遭受過父母的否定和輕視呢？當父母不相信你的情感時，你又是什麼感覺呢？

—— 失落、困惑、難過，還有不被人接受的憤怒：為什麼就是不相信我？

有的孩子還會因此懷疑自己：難道我的感受是錯的？我這麼感覺是錯誤的嗎？

回想你和孩子的相處，是否有過這樣的情景：當孩子說熱，你還堅持給他加衣服的時候（你並不聽孩子在說什麼）；當孩子說討厭誰，你大聲喝斥他的時候（你並不聽孩子為什麼說討厭誰）；當你帶孩子聽講座，但是孩子堅持說講座很蠢、很無聊的時候，你就會發火（雖然你也隱隱約約覺得講座很無聊，但就是不想聽到孩子這麼說）。最後的結果往往是你和孩子開始爭吵，並且透過家長的身分壓制了孩子的感受。

■ 否定感受的本質是焦慮

為什麼父母總是用自己的判斷，去斷定孩子的感受呢？

父母對孩子感受的否定，本質上是對自己的焦慮。如果孩子感受到了父母感受不到的東西，提出不同的意見時，父母就會備感焦慮。

為人父母，擔負著巨大的責任。在擔負責任的同時，父母也會對自己產生一種「自戀」——過分地相信自己。在養育孩子的過程中，因為孩子的幼小和天真，一切都是由父母包辦，父母的自我在這個過程中被無限地放大了。

當孩子說出父母所不能理解的感受時，父母往往會感覺自我受到了否定，所以，需要立刻捍衛自我。

孩子和父母，是不同的獨立個體，擁有不同的獨立感受系統，有不同的感受，那是再正常不過的事情。

接納孩子感受的 5 部曲：

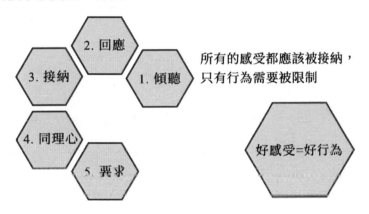

所有的感受都應該被接納，
只有行為需要被限制

好感受=好行為

■ 接納孩子感受的 5 部曲

第一步：傾聽

接受孩子的感受，是讓孩子擁有良好行為的第一步。站在孩子的立場，去傾聽他們內心的感受，並尋找他們會有這樣的感受的原因。

「你的確很傷心，能跟媽媽說說為什麼嗎？」

「你有點累了對吧。」

「你討厭他，媽媽知道了。但為什麼呢？可以跟媽媽說說嗎？」

透過類似的詢問，能夠誘導孩子說出自己的感受。讓孩子說出自己的感受非常重要，因為孩子有時也不了解自己為什麼會那樣，為什麼會如此生氣或難過。讓孩子說出其感受，是幫助他們的開始。

第二步：回應

回應孩子的訴說。回應能夠很好地鼓勵孩子說出自己的感受，還能使他們感覺到自己得到了認可。

「原來是這樣啊……」

「原來寶貝是這麼想的啊……」

「嗯嗯……」

類似於這樣簡單的語言，就能夠使孩子感覺自己得到了信任。

第三步：接納

接納孩子的感受。如果父母能夠把孩子的感受重新說出來，表現出對他的認可，孩子會感到更加高興。

「我明白了，這真的讓你很傷心！」

「啊，那他還真是有點討厭呢。」

「你是累了。」

「這個節目確實不太好看啊。」

第四步：共情

共情不僅是一種方法，更是一種能力。沒有共情能力的父母，很難成為優秀的父母。共情代表了真正去體會和認可他人的感受。如果可以，甚至可以用幻想的方法來幫助孩子實現願望。

「真希望能把他變得招人喜歡呢。」

「我也想把你的疲憊變走。」

孩子往往會在這個階段表示開心，露出笑容。那是被認可的開心。

第五步：要求

孩子的感受沒有對錯之分，我們應該接受他們的感受，並限制他們的行為。經過前面四步，孩子的感覺會逐漸變好。在他們感覺好的時候，再來約束他們的行為，就會變得非常容易。

「我看得出你的確很累了。爸爸知道，但是作業是我們每天都要完成的任務，這樣，你先休息 10 分鐘，然後再去寫作業，好嗎？」

「我知道你很生小朋友的氣，但是小朋友也不是故意的。我們應該告訴他那麼做是不對的，而不是直接推他，好嗎？」

家長透過這五步驟—傾聽孩子的感受、回應孩子的感受、認可孩子的感受、共情孩子的感受和要求孩子的行為，可以很好地和孩子進行溝通。

其中最難的部分，是共情孩子的感受。如果沒有真正的共情，對孩子來說，不管你說什麼，都只是變相的操縱和命令。

家長的共情能力也是需要透過不斷地練習來增長的，只有透過共情，才能真正看到孩子的內心，使孩子從內心深處接受你。

媽媽的回信：原來孩子不喜歡奶奶的原因是這個

這個週六的上午，我收拾東西準備送孩子去奶奶家。她又表現出磨磨蹭蹭的樣子，並不斷地說：「我不想去奶奶家。」

我說：「是嗎？妳不想去奶奶家。能告訴媽媽這是為什麼嗎？」

她說：「我不想去。」

我說：「那好的，沒關係。寶寶很討厭奶奶嗎？」

她說：「是。」

我說：「為什麼呢？」

她說：「奶奶老給我喝豆漿，喉嚨不舒服！」

我說：「豆漿磨嗓子嗎？」

她說：「是的！喉嚨不舒服。」

我這才想起來，孩子奶奶很喜歡為孩子磨豆漿，並且在磨豆漿時放很多五穀雜糧，非常有營養。奶奶在電視上看了養生節目，說把豆渣一起喝掉更有營養。那些豆渣對大人來說都很粗糙，何況小孩子呢？

於是我說：「哎呀，那你真的很不舒服啊。媽媽了解了。奶奶不應該給你喝那個呢。」

她點點頭。我繼續說：「可是奶奶是為了你好啊。這樣，今天媽媽把寶寶送到奶奶家，跟奶奶說，以後喝豆裝都不要那些粗粗的豆渣了，你喝時就不會磨喉嚨了。今天我們喝一點兒沒有粗粗豆渣的豆漿好嗎？」

她說：「好的。」

我說：「寶貝真乖。以後有什麼不舒服的事情，要和媽媽說哦。」

她說：「嗯！」

36. 不同的階段不同的愛

總有一天，孩子會從現在的家庭中完全獨立出去，建立屬於他自己的家庭。

■ 最危險的年齡段：13 ～ 18 歲

13 ～ 18 歲這個年齡段，對孩子來說，是最危險的年齡段。在這個年齡段，他從一個小學生正式成長為國中生，他既是孩子，又是青少年，這個年齡段我們稱之為「高危年齡」。

當孩子長到 13 ～ 18 歲時，家長會發現孩子有了翻天覆地的變化，這個變化源於他自身、源於他和父母的關係，並最終影響整個家庭的關係。

危機 1：無處訴說的成長煩惱

孩子在這個階段，心中會有很多很多的煩惱，卻沒有地方訴說。

成長的煩惱、青春期的困惑在煎熬著他。回想你青春期的時候都遇到過哪些問題：學業的壓力，對未來的迷茫，父母的不理解，沒有知心的朋友，在學校裡的人際壓力，甚至是對隔壁班異性的悄然喜歡。

而此時，他們的生理發育也最快，使他們進入不適應期。有的女孩會對自己的發育感到恐慌，甚至非常厭惡自己的發育；有的男孩會非常好奇 —— 對自己的發育充滿好奇，對異性也好奇。如果這時家長不能加以引導，就會加重他們的痛苦。

這些生理和心理上的困惑，使這個階段的孩子感到非常恐慌，為了逃避這種恐慌，他們會做出一些極端的傷害自己的行為，比如酗酒、早戀、吸菸、自我傷害等。

當你長大後，你會認為這些事情都是小事，但是對青春期的孩子來說，這就是比天還大的事情。

當孩子長大後，往往不會將自己的心事告訴父母，如果他又沒有非常親密的朋友去訴說，就會感到非常孤獨。這種孤獨會給孩子帶來父母所無法理解的痛苦。

危機 2：渴望自由卻沒有「尺度」

透過對一千多個家庭和孩子的深入了解，我發現，13～18 歲這個年齡段，對孩子來說，是最危險也最敏感的年齡段，他們的生理和心理都在急遽地發生變化，在這個年齡段，他從兒童變成了青少年，開始渴望獨立、渴望自由。

他渴望自由，但是他沒有辦法獲得完全的自由；他渴望獨立，但是他沒有能力獨立。

他對自由的概念是模糊的，也無法掌握這個尺度。所以他可能會蹺課、會去網咖玩，會和同儕一起做一些出格的事情。因為他渴望的是不被掌控的自由。

危機 3：不穩定的心理狀態

孩子在這個階段的心態是非常不穩定的！有的孩子表現出易怒，有的表現出不耐煩，還有的孩子叛逆心理稍強一點，他會非常關注從社會、從網路、從朋友那裡傳過來的負面資訊。

在青春期，孩子對正能量的接受能力明顯降低，對負能量的接受願望明顯提高，這是非常正常的。

每個孩子都是如此，有的家長看到孩子整天在接收負面資訊，甚至主

動去接觸負面資訊時，會非常著急，甚至強烈制止。

但是家長制止得越厲害，孩子反彈得也越厲害。

家長的正確做法是，在孩子身邊默默地陪伴他度過這一段時間。甚至有時可以和他一起去接觸，主動跟他解釋，主動把負能量的一面攤給他看。

這個階段對家長來說也是一個高危階段，家長的內心也是很痛苦的，因為在這個階段，家長會面對孩子和父母之間的親子關係的愛無力。

爸爸媽媽在這個階段往往不知道做什麼，好像做什麼都無法改變孩子的現狀，不知道如何去愛孩子，愛也收不到效果。這就是愛無力。

危機4：被壓抑的獨立渴望

在青春期，孩子對於獨立的渴望被壓抑住了。他想要獨立，但是他沒有獨立的能力。

在這個階段，孩子明顯不願意跟父母交流。確切地說，從孩子11歲左右開始，父母就會發現孩子開始不願意和自己過多地聊天了。

有時自己想和孩子說說話，孩子卻坐在那裡一言不發。父母往往會有種恐慌感：不知道孩子在想什麼，不知道怎麼才能恢復以前親密的親子關係。

其實不是孩子不想跟你說，而是他不知道跟你說什麼。父母也不了解孩子內心的恐慌。外面的世界對他們充滿誘惑，他們不願再接受父母過往的教育模式。

如何面對高危年齡的孩子？

如何面對青春期的孩子？

父母首先要做到的就是忘記「青春期叛逆」這幾個字。

　　青春期叛逆，這5個字看起來很簡單，也很能說明青春期孩子的行為模式，但是我建議父母把這5個字忘掉。

　　當你說出這5個字時，往往就給孩子定了性：「你的所做所為都是出於叛逆，所以你是錯的，我是對的。你的所做所為、你內心的想法都是出於叛逆，所以我不需要去了解你，也不需要理解你，你只要改正，我只要幫助你改正就行了。」

　　這種邏輯簡單粗暴，忽視了孩子在青春期身體和思想都開始走向成熟這一事實。他們開始有自己的想法、自己的主張，這是件非常正常的事情。

　　如果孩子和父母的主張不一樣，孩子當然會傾向於自己的主張，這是他走向成熟、走向獨立的開始，怎麼能夠將其定性為叛逆呢？

　　去了解你的孩子，並尊重他和其他孩子的不同。

　　如果父母覺得和孩子溝通起來非常困難，那麼就應該從自身去找原因，了解孩子為什麼不願意和自己溝通，自己是否尊重孩子，自己是否將孩子放在與自己平等的位置上。

　　想要和叛逆期的孩子溝通，家長要注意以下幾點：

　　在孩子面前不要再以全知全能的角色出現 —— 以過來人自居，或認為孩子涉世未深，凡事都應該聽自己的。這種態度是孩子最為反感的。在和孩子溝通時，家長應將自己的架子放下，要尊重孩子，不然孩子是不會願意和你溝通的。很多孩子處在叛逆期時都會對父母的很多行為非常不滿，這時父母要學會適當的讓步，讓孩子感覺到父母願意和他平等地進行溝通。

　　通常孩子感興趣的事大多是父母看不慣的，這時父母要學會包容，不要用自己的喜好來對孩子的愛好進行評價。叛逆期的孩子對於父母的意見

和看法非常敏感，父母如果反對孩子的興趣，那麼孩子會很容易產生對抗心理，這時，不斷地勸導將會產生適得其反的效果，聰明的父母應該學會避免這種情況的出現。

當孩子提出自己的要求時，無論其要求是否合理，父母都不要立刻否決，而應該與孩子一起對其要求進行分析，權衡利弊。如果孩子提出一個不合理的要求，而父母一口拒絕，那麼孩子只會更加強烈地要求實現其願望。

對處於青春期的孩子來說，尊重是十分重要的，如果孩子感覺到自己沒有被尊重，那麼任何溝通都是沒有效果的。溝通不僅僅是口頭上進行，父母的態度以及行為也非常關鍵，孩子在青春期時如果能夠感受到父母將自己擺在平等的地位上，願意尊重自己的意見和看法，那麼他就願意什麼事情都和父母商討，覺得家充滿了安全感。

■ 和孩子溝通的要訣

很多人對溝通的含義不會太明白。雙方雙向進行互動才是溝通，只是自己表達意見，不聽取孩子的意見，那就不叫溝通，而這恰恰是父母所認為的溝通，這種溝通是非常讓人厭惡、反感的。當孩子對於父母的「溝通」不願意聽時，父母就會將孩子定義為叛逆，實際上孩子並不是不願意溝通，只是父母的溝通方式是錯誤的。要想讓孩子聽自己的，應該先學會聽孩子想要說什麼，比如了解孩子心理上究竟發生了哪些變化，孩子現在需要什麼，被什麼問題所困擾。

處於青春期的孩子身心都在由兒童向成人發展，且短時間裡變化非常顯著，孩子發現了自己的變化，想要知道自己的力量，需要社會認同，這個時候就需要一個適當的空間讓他去嘗試和適應，而父母因為害怕孩子做

錯事而將他的空間不斷壓縮，面對父母的這種行為，孩子肯定會進行抗爭。這種時候，父母應該學會跟孩子談判，做出一定的讓步、妥協。

孩子在不斷成長，父母不可能一直照顧孩子，總要慢慢放開孩子的手。所以，試著將自己還沒有成年的孩子當作一個成年人那樣對待，給予他需要的尊重，讓他對自己的行為多進行思考 —— 學著以成年人的方式去對行為利弊進行判斷，而不是將自己的精力都用在和父母的對抗上。

父母有教導孩子的義務，青春期的孩子在受到父母管束時經常會產生強烈的對抗心理，所以父母應該透過教導孩子使其知道很多事情並不只有是和否兩種結果，而是能夠進行討論，雙方作出讓步的。要想讓孩子學會這些，父母就需要先作出表率。

孩子的青春期並不是某一天突然到來的，如果能夠在青春期之前一直與孩子保持良好的溝通，那麼很可能孩子就不會有叛逆行為了。叛逆是青春期孩子容易產生的心理，但並不是一定會有的，叛逆的產生是有原因的。面對處於青春期的孩子，父母應該更多地關注孩子，但不是去干涉；學會和孩子交流，適當地進行妥協，但要明確底線。

37.
孩子，爸爸媽媽也會錯，請你原諒

　　媽媽的來信：女兒說，再也不想當我的孩子了！

　　我的女兒今年 9 歲，一直是個非常乖、非常懂事的孩子。課業方面從來不讓我操心，成績在班級裡一直是前幾名。為了讓孩子能夠保持現在的成績，尤其是鍛鍊她的作文能力，我要求她每天學習不少於 6 個小時，包括暑假也是如此，此外每天都要寫一篇日記。

　　最近正值放暑假，一開始她每天堅持學習還是不錯的。有時是一天完成兩張數學考卷，然後寫寫日記；有時是做暑假作業，然後複習課文。但是這兩天我發現，她的日記寫的字數越來越少了。

　　開始她的日記是很有靈性的，有很多她自己的感悟在裡面，慢慢的，她的日記就變成了那種流水帳式的內容，於是我就要求她改正。

　　後來她就堅決不寫了，我問她：「妳今天怎麼沒寫日記？」

　　她說：「我不想寫了，我累了。」

　　我說：「不行，妳答應媽媽的每天學習計畫呢？怎麼能不寫了呢？」

　　她說：「我就是不想寫了！」

　　我教育了她半天，但是沒有任何效果。

　　最後她對我說：「我就是不寫！妳怎麼不寫？妳想寫日記妳自己寫！」

　　我一生氣沒控制住，就甩了她一個耳光。我說：「妳說的是什麼話？有這麼跟媽媽說話的嗎？」

　　她就跑回自己的房間哭。我聽見她在和我買給她的一隻玩具狗說話，她一邊哭一邊說：「布狗狗你知道嗎？在這個家裡只有你最疼我，只有你會靜靜地聽我說話，只有你最知道我的感受。爸爸媽媽整天說愛我，說一

切都是為我好，可是他們只知道逼迫我做我不想做的事情，從來不問我的感受，布狗狗，你把我也變成布狗狗好不好？」

然後她衝我吼：「我不想再當爸爸媽媽的小孩了，當小孩太辛苦了！」

我聽了很傷心，也很抱歉。但是我是為了她好啊。我對她這麼好，她怎麼感受不到？為什麼說我還不如那隻布狗狗疼她？

從那以後，孩子就不跟我說話了。

現在的孩子學習負擔太重，既要背課文，又要做考卷，還要寫日記，就說信中的小女孩才9歲，就要每天學習6個小時，這是多麼沉重的負擔！對一個9歲的孩子來說，這麼沉重的學習壓力，是違背她的成長規律的。

孩子需要學習，也需要放鬆和玩耍，一個沒有時間玩耍和放鬆的孩子，是沒有幸福感和快樂的。

以信中的媽媽為例，當她遭遇女兒的反抗時，第一反應是給孩子一個耳光。要注意：無論對成人還是小孩，打耳光這個行為都會給其內心帶來傷害，這個行為帶有很大的侮辱性和暴力性質。耳光比其他所有同等疼痛程度的肢體體罰都要暴力。

父母透過體罰、強迫、家長的權威，能夠解決孩子的不服從，但是解決不了他的感情。當你的手搧向孩子的臉時，也搧遠了你們之間的距離。

永遠不要試圖用暴力的手段使孩子服從你，這樣你贏得了一時的勝利，卻輸了父母和孩子之間最珍貴的感情，輸了孩子對父母的信任。這種信任一旦失去，很難再回來。

做錯事的爸爸媽媽們，如果孩子失去了對你的信任，你應該真誠地反省、道歉，現在開始改變，一切還來得及。

我有一個朋友，跟我說她國中的時候非常叛逆，常常和父母爆發戰爭，有時她爸爸就會用打這種方式解決問題。

有一次，她爸爸打她的時候失了手，打在了她的眼睛上，她爸爸媽媽都嚇壞了，趕緊送她去醫院，所幸傷勢不重，但是她的眼睛兩個禮拜都沒有消腫。

她說：「那時候我真的覺得自己沒有尊嚴，懷疑世界上沒有人真的愛我。」

我問：「然後呢？」

她說：「然後我原諒了他啊。就這麼簡單。剛開始的時候我很怨恨我爸爸，也怨恨媽媽沒有勸阻他；怨恨他們不理解我，怨恨他們總是對我持粗暴的態度。所以，上大學時我填報了一所很遠的學校，很少回家。工作也在外地，一年就回一次家。爸爸媽媽很後悔在我小時候那麼對我。但是後來，我想明白了，每個人都不是完美的。雖然爸爸媽媽打過我，他們也不是很會教育孩子的人，但我還是能感受到他們對我的愛。他們就在那樣的環境里長大，他們並不懂得怎樣去教育一個孩子。他們的爸爸媽媽怎麼對他們，他們就學著怎麼對我。有時我能感覺到，他們對我充滿了愧疚，但是他們也不知道怎麼去愛我。」

我想，有這樣懂事的孩子，是她的父母的幸運。但是，這樣的「懂事」，也是在她漸漸長大，見到更大的世界，有了更多的人生經歷之後，才和父母之間達成的互相諒解。

父母向孩子道歉的步驟：

第 1 步：真誠地承認自己「錯」了

道歉的第一步就是承認錯誤，對孩子承認「媽媽做錯了」。

有時我們常常把敷衍當成道歉，我們嘴裡說著「別生氣啊」、「不好意思啊」、「對不起啊」，但就是不說「我錯了」。

說「我錯了」有多重要？首先我們來分析其他幾種措辭方式。

「別生氣」，是對對方的要求。我們做錯事後，不去彌補，不去道歉，就讓別人別生氣，憑什麼？難道別人連生氣的權利也沒有嗎？

「不好意思」，比「別生氣」── 單純地要求對方要好一點兒。「不好意思」是以輕描淡寫的方式蒙混過去，是所有道歉方式中重量最輕，也最沒誠意的道歉。

「對不起」，比「別生氣」和「不好意思」都要好，屬於變相地承認自己有錯，祈求對方原諒。但是在「對不起」裡，仍然沒有對自己行為的深刻反省，沒有真誠地承認自己的錯誤。

承認自己錯了有那麼難嗎？不承認自己錯誤的道歉是最不真誠的道歉。

即使我們面對的不是孩子，是我們的上司、同事、客戶、陌生人。如果我們想要道歉，想要取得對方的原諒，也一定要看著對方的眼睛說：「我錯了，對不起。」

第2步：讓孩子知道我們對自己犯的錯非常後悔

孩子的天性都是渴望討好父母的。如果讓孩子知道，爸爸媽媽已經知道錯了，爸爸媽媽很後悔，渴望彌補，孩子都會願意給父母一個彌補的機會。

第3步：做出改變和彌補行為

僅僅道歉是不夠的，更重要的是如何防止這種情況再次發生。從哪裡犯的錯，就從哪裡改正。針對我們犯的錯誤，我們要提出相應的補救措施。

第4步：養成自我反省的習慣

我曾經在課堂上問在場的家長們：身為孩子的父母，身為孩子的撫育者和教育者，我們應如何反省自己的行為？一個家長說：「我發現我在教育的孩子過程中，犯的錯誤太多了，我們都是罪人！」

這種說法我既不反對，也不贊成 —— 我們確實錯了很多，但是並不是罪人，「罪人」這個詞太沉重，但是反省應該是一件非常快樂的事情。因為反省意味著改正錯誤、發現錯誤，然後走向快樂。反省是一種當下的快樂。

我們要發自內心地去體會孩子的感受，同時不要忘了自己的感受。

當大人學會反省，孩子也學會反省時，那麼大人和孩子就能夠共同成長，共同走向快樂。

身為父母，應該在孩子小的時候，一方面，儘自己的全力，用智慧、用心去愛孩子；另一方面，也要讓孩子知道：爸爸媽媽也會錯，爸爸媽媽也不是完人。如果爸爸媽媽做錯了，請你原諒。

如果在孩子小的時候，就讓他知道這一點；如果在孩子小的時候，父母做錯事，就能立刻向孩子誠懇地道歉，讓孩子學會接納父母的缺點，那孩子的童年會更幸福，孩子和爸爸媽媽之間的感情也會更好。

媽媽的回信

因為孩子不再和我說話，所以那天我走進她的房間，走到她面前，抱起布狗狗說：「對不起，前兩天，媽媽很沒有禮貌，因為太著急，就打了你的好朋友 —— 我的寶貝女兒。她太傷心了，不肯原諒我。現在我知道錯了，我不應該打她。媽媽這次真的做錯了。你能不能對你的朋友說，讓她原諒媽媽？媽媽打她的那一刻，心裡比她還傷心。這幾天媽媽非常後悔。」

　　在我說話的過程中，孩子開始掉眼淚，我說完了，孩子立刻轉向我說：「媽媽，謝謝妳。我也有錯，我不應該太任性，我也不該對媽媽吼！」

　　我說：「媽媽知道強逼著你學習是不對的，以後媽媽再也不要求你每天的日記寫那麼多字了，只是接下來媽媽想跟妳達成共識 —— 與妳一起寫日記，一週就寫 2 ～ 3 篇，好不好？感悟多的話寫 3 篇，感覺沒有什麼可記錄的話就寫 2 篇，好不好？媽媽去買 2 個新的日記本，妳一本，我一本，然後我們兩個一起寫好不好？寫完我們可以一起去玩！」

　　她非常開心地同意了。

第七章
愛的護衛

　　沒有不好的孩子，只有不好的教育和不好的父母。

　　沒有錯誤的行為，只有錯誤的管教和錯誤的判斷。

　　身為父母要付出很多，除了大量的物質，更重要的是精神上的付出，關注、反省、自律、尊重、耐心、成長、指導，每一樣都是為人父母應該學會的課程。

　　在這些課程中，我們要學會保護孩子的耐心，學會「罰」的藝術，學會如何用 5 雙眼睛去面對和幫助孩子，學會如何建立秩序和規則，最重要的是，要學會如何引領孩子走上自強和自立之路。

孩子，因為愛你，所以我們永遠不會毀掉你的耐性

眼前的可樂還沒有喝完，孩子就嚷著要喝柳橙汁；在社區健身區域看到好玩的健身器材，立刻就要去玩，完全無視已經在玩的人；報了才藝班學了幾個星期，就說什麼也不去了；有的事情明明自己能做，還是讓家長代勞；情緒不穩定，稍不如意就大發雷霆；性格衝動，沒辦法深入思考和冷靜地解決問題；不能承受失敗的挫折……

這些都是孩子缺乏耐性的表現。孩子的耐性往往是從小建立起來的，所有的專家都會告訴我們，要從幼兒階段開始培養孩子的耐性，如果孩子上了小學、中學，還沒有培養出良好的耐性，那麼孩子以後就要吃虧。

耐性的培養對孩子的教育來說非常重要，耐性奠定了孩子未來的成就。

柏拉圖（Plato）曾說過：耐心才是一切聰明才智的基礎。

耐性同時也是孩子夢想的基礎。孩子天生有耐性，但是父母的有些行為，毀掉了孩子的耐性。

當我們毀掉孩子的耐性時，其實我們正在毀掉孩子未來人生中的重要護衛。

■ 是什麼毀掉了孩子的耐性？

1. 干涉：「這件事讓爸爸媽媽來幫你吧！」

父母干涉乃是教育孩子的萬惡之源。很多事明明孩子自己能做，但是爸爸媽媽就是要替孩子完成，這種干涉其實剝奪了孩子自由成長的機會。

所有事情由父母干涉的孩子，往往缺乏耐心，也缺乏同齡的相對自立的孩子的自信心和安全感。

因為自信心的來源是成功經驗的累積，孩子的一切由父母干涉，沒有成功的經驗也沒有失敗的經驗，自然沒有自信。

缺乏自信，也就缺乏了安全感。

2. 打擊：「我說了，你做不了那個！」

當孩子想做什麼時，父母立刻施加言語上的打擊，會很容易毀掉孩子的耐心。

「你做不了那個。」

「你肯定要失敗的。」

「媽媽覺得那樣不行，你還是別做了。」

「我早就告訴過你了吧。」

這種打擊往往使孩子蒙受了自尊和失敗的雙重羞辱，為了避免這種羞辱，他們就會傾向於什麼也不做，任何有難度的事情都不去做，耐性由此消失。

父母們不懂的是，失敗的經驗也可以幫助孩子培養良好的耐性。

3. 勢利：「你就不能學點有用的？」

家長往往會過分重視結果，重視一件事的收益。如果孩子做的事情沒有帶來實際的收益，那麼無論他在過程中多麼努力，在爸爸媽媽那裡都算失敗。如果孩子喜歡的東西不能帶來真正的收益，不管孩子多麼喜歡，爸爸媽媽都不允許其投入太多精力。

這種「勢利」本質上是成人在社會競爭法則薰陶下練就的能力。通常來說，一個人越勢利，越注重效益，就能活得越好。所以父母往往會把這一套也加到孩子身上。

殊不知，這種勢利毀掉了孩子追求過程的快樂，毀掉了孩子不計收益喜歡一件事物的樂趣。孩子的耐性，也在父母的勢利中逐漸失去。

4. 立刻滿足：「好好好，你要什麼爸爸媽媽都滿足你。」

孩子在失敗的經驗中能學會耐性，在失望中也能培養耐性。耐性是一種不難獲得的營養，但是爸爸媽媽對孩子的愛，往往使孩子失去了獲得這種營養的機會。

孩子想要玩具，只要一哭鬧，爸爸媽媽立刻就予以滿足。

孩子想做的事情，只要一要求，爸爸媽媽也立刻予以滿足。

欲望滿足得太快，會導致孩子不會等待。

這 4 種毀掉孩子耐性的行為，幾乎在每個家庭中每天都能看到。這些行為培養出了沒有耐性的孩子。

包辦	打擊	勢利	立刻滿足
所有事情由父母包辦的孩子，他們往往缺乏耐心，也缺乏同齡的相對自立的孩子的自信心和安全感	打擊往往會使孩子蒙受自尊和失敗的雙重羞辱，為了避免這種羞辱，他們就會傾向於什麼都不做，任何有難度的事情都不去做，耐性由此消失	父母的勢利毀掉了孩子追求過程的快樂，也毀掉了孩子不計收益喜歡一件事物的樂趣，孩子的耐性也會在父母的勢利中失去	孩子在失敗的經驗中，能鍛鍊耐性，耐性是一種不難獲得的營養，但是爸爸媽媽對孩子的愛，往往使孩子失去了獲得這種營養的機會

4 種行為毀掉孩子的耐性

■ 沒有耐性的孩子呈現出 3 種不良傾向

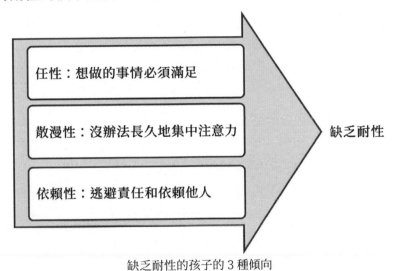

任性：想做的事情必須滿足

散漫性：沒辦法長久地集中注意力

依賴性：逃避責任和依賴他人

缺乏耐性

缺乏耐性的孩子的 3 種傾向

1. 任性：「我要的必須立即執行」

任性，這正是孩子缺乏耐性的最大特點。只要孩子得不到想要的，做不到自己想做的事情，就會立刻大喊大叫、罵人、撒鬧，甚至開始打其他人 —— 其他小朋友甚至父母。

孩子一開始做錯事，都會感到自責。但是當孩子失去耐性後，做錯了事情也不會再有自責感，而且誰的話都聽不進去。除非其欲望得到滿足，否則他們就會不停地發火。

缺乏耐性的孩子長大以後會變成缺乏耐性的成年人，只要欲望得不到滿足，他們就會變得失落、不安，甚至會做出一些極端的事情來。

2. 散漫性:「這個我覺得好玩,那個我也覺得好玩」

　　缺乏耐性的孩子往往注意力不容易集中、缺乏紀律性。他們顯得比其他孩子更加散漫,做事也沒有永續性,常常是三分鐘熱度。

　　比如玩玩具時一會兒玩這個一會兒玩那個;寫作業時沒辦法集中注意力,常常寫著寫著就去玩了;報任何才藝班都不能堅持到底。

　　散漫性是阻止孩子今後成就一番事業的最大阻礙。

3. 依賴性:「爸爸媽媽,能幫我做這個嗎?」

　　缺乏耐性的孩子會表現出對父母、對他人的過度依賴,什麼事都想靠別人去完成。當面臨壓力時,同齡孩子可以自己處理的事情,他們會尋求別人的幫助,如果別人不幫他們,他們就會選擇逃避。依賴性使孩子變得意志薄弱,喪失獨立解決問題的能力和意志。

　　依賴性同時會影響孩子長大以後的工作和感情,因為他們很難獨立處理一段感情,也很難獨立面對工作中的巨大壓力。他們會選擇壓力最小的工作,並且在出現問題時的第一反應就是逃避。

判斷你的孩子是否缺乏耐性

缺乏耐性的孩子的特徵		在此打 √
1. 任性	只要得不到滿足,就立刻開始哭鬧	
	相對其他同齡小孩,更愛哭	
	相對其他同齡小孩,情緒更容易激動	
	神經敏感,經常感到不安	
	情緒不穩定	
	不能和朋友好好相處	
	經常和朋友吵架、打架	
	做事衝動,不考慮後果	

續表

缺乏耐性的孩子的特徵		在此打 √
2. 散漫性	總是坐立不安，像患了過動症，比如看電視的時候動來動去，一會兒站著一會兒坐著，不斷換位置	
	飲食調養不好	
	不能安安靜靜地吃飯，總是一邊吃一邊動	
	經常會打碎家裡的東西	
	做事不能有始有終	
	玩一個玩具時間較短，玩一會兒就要換玩具	
3. 依賴性	不能獨立完成有難度的事情，總是要父母幫忙	
	如果父母不幫，就拖拖拉拉地不去完成	
	生氣的時候總是說一些非常激烈的話，甚至罵人	
	不如意的時候就不斷耍賴	
	對於不開心的事情，總是逃避處理	
	自私自利，只關心自己	

打的勾越多，說明孩子越缺乏耐性。

■ 幫助孩子培養耐性有 6 個法寶

法寶 1：讓孩子學會獨立和負責任

讓孩子學會獨立和負責任，這是培養耐性的最根本方法。家長可以從最簡單的小事開始，幫助孩子培養耐性。

例如，當全家外出時，孩子想要帶著他的幾個玩具，相信大多數家長都會直接拒絕。因為如果讓孩子帶著他心愛的玩具，那麼孩子很可能會因為將玩具弄壞或者弄丟而吵鬧不休，所以父母認為這種時刻還是應該斷然拒絕孩子的要求，不讓他帶玩具。

實際上家長這麼做是將孩子應有的選擇權利給剝奪了，孩子的要求並

不是不道德或者傷害他人的要求，為什麼不能讓孩子帶心愛的玩具出去玩呢？家長們的拒絕也將其與孩子之間的關係破壞了。

所以，當孩子要求出門帶著玩具時，家長首先應該告訴孩子：「你需要自己照顧好你的玩具。」「照顧好」的意思就是：第一，保護好自己的玩具，不丟失、不損壞；第二，不要讓玩具給別人帶來麻煩；第三，玩具如果損壞或者丟失了，因為是你自己負責照顧它的，所以不能將責任推給其他人。而讓孩子明白這些之後，今後再出門時，他就會拿上自己的玩具並告訴你：「我會照顧好我的玩具。」

在孩子不同的年齡階段，其認知和理解能力都有所區別，我們應該用不同的語言將這個道理告訴孩子。

法寶 2：在遊戲中培養耐性

益智遊戲和團體遊戲都能夠很好地培養孩子的耐性。益智遊戲可以是拼圖、積木，大一點的孩子可以玩九宮格、數字遊戲，在完成遊戲的過程中，孩子也鍛鍊了耐性和集中力。

和其他小孩一起玩團隊遊戲，能夠使孩子學會守規矩，學會和他人團結合作，學會忍讓和等待。

想要培養孩子的耐性，就要為其建立起穩定的規則和習慣。家長要注意，不要憑一時的興趣去教育孩子，或者讓孩子做某事。比如看到別人報鋼琴班也幫自己的孩子報，看到別人報書法班也幫自己的孩子報，這種一時興起，只會毀了孩子的耐性。

如果孩子對某件事真的不感興趣，也缺乏天賦，就不要強迫他去做。只有孩子真的對某種課外學習感興趣時，幫助他發揮潛能，才能取得事半功倍的效果。

法寶3：告訴孩子耐心是一個長期的過程

告訴孩子什麼叫耐心：耐心是一個長期的過程。耐心不僅僅是在等待的時間裡你可以做什麼，更重要的是，耐心地等待一點點時間，最終將會得到他所期盼的東西。

法寶4：父母就是孩子最好的榜樣

我們常常聽到：好父母勝過好老師。原因就是父母的榜樣作用比老師的單純說教更加有效。幫助孩子培養耐性，父母首先要具備一定的耐性。如果爸爸媽媽也是急性子，難免會為孩子做出錯誤的示範。

如果要孩子學會耐心和等待，首先父母就要學會耐心和等待。

法寶5：停止干涉孩子的人生

爸爸媽媽們愛的干涉，往往使孩子失去了天生的耐性。要想讓孩子恢復耐性，首先父母要停止干涉孩子的一切，讓孩子獨立解決問題。

沒有人喜歡困難的問題，所以家長更要培養孩子解決難題的能力。

法寶6：開始重視事情的過程

出於功利心，家長們往往重視結果遠勝於過程，結果造成了孩子的急功近利。沒有學會走的孩子不可能會跑，沒有學會 A、B、C 的孩子也不可能馬上說出流利的英語，爸爸媽媽們應該從現在開始重視過程，抱著相信孩子的態度，和孩子一起重建耐性。

家長們可以在孩子力所能及的範圍內為他們設立目標，並陪伴他們最終實現自己的目標。在這個過程中，家長要鼓勵孩子說出目標，透過強調，孩子會暗示自己信守承諾，因而鍛鍊出堅強的意志。

「罰」的藝術

爸爸的來信：孩子不懂得尊重怎麼辦？

平時我工作比較忙，都是我爸媽和孩子媽媽在照顧孩子，我對孩子的內心有點忽視。孩子嘛，我想總不會出什麼問題。這週六我和孩子兩個人在家，孩子媽媽去岳母家了，我就請了個臨時工來打掃房子，為我們父子倆做飯。清潔阿姨剛打掃完，孩子就在吃東西時把碎屑弄了一地。我對兒子說：「兒子你弄的垃圾，自己掃乾淨。沒看見阿姨在工作嗎？你這是不尊重別人的工作成果。」

沒想到這孩子對我說：「為什麼啊？你花錢不就是讓她來工作的嗎？我幹嘛要做啊！」

我有點生氣，就說：「這孩子怎麼這麼不尊重人呢？」

他竟然說：「我幹嘛要尊重一個傭人啊？」

我又驚又怒：是誰給他灌輸的「傭人」這個詞？我們偶爾請阿姨，都明確告訴過孩子，是「阿姨」，從來沒有給他灌輸過等級觀念。我爸爸媽媽為人是有點勢利，但這也是沒辦法的事情，因為上一代沒經過我們這麼好的教育，沒有我們這麼好的環境，難免會有一些老觀念。

但是我沒想到這對孩子的影響這麼大。而且我以前很重視教育孩子要尊重別人，但萬萬沒想到他竟然這麼不尊重別人。

我就沉下臉，勒令他向阿姨道歉。

阿姨在一邊也挺尷尬的，一直跟我說「沒事沒事，小孩子不懂事」。

但孩子死活不道歉，最後還哭起來了。

我非常生氣，讓阿姨走了，先不打掃房子了，不然孩子總覺得，別人

為他工作是應該的。然後我禁了他的足，告訴他下個禮拜天哪裡都別想去。

目前除了這種懲罰，我還想不到更好的方法。我該怎麼去改變小孩錯誤的思想？

很多家長在孩子犯錯時，會懲罰孩子，並且會有這樣一種困惑：不知道該拿孩子怎麼辦，除了懲罰，也找不到別的辦法去教育他。

而我的建議是，不要直接懲罰孩子。懲罰其實是剝奪了孩子自我反省的機會，也許孩子有愧疚心，也想改正，但是還沒有付出行動，就被大人懲罰了。

孩子認為自己得到了懲罰，那麼就不需要反省了。

對孩子的成長而言，懲罰並不能帶來很好的效果。

懲罰不是目的，讓他意識到錯誤才是目的。

懲罰本身不是目的，只是讓孩子學好的一個方法，如果懲罰本身不能達到這一效果，那還不如不罰。

大人懲罰孩子，是因為孩子做錯了事，懲罰，罰的是孩子製造的問題。

如果我們能夠把孩子當成問題的參與解決者，而不僅僅是麻煩製造者，那麼讓孩子變好，是不是就更容易些？

懲罰也是有藝術的。聰明的「罰」，有 5 種可採取的措施，爸爸媽媽可以根據實際情況選擇或組合使用。

措施 1：明確地表達家長不同意的立場

當孩子表現出錯誤的思想，並且經過爸爸媽媽的教導也不改時，說明這個想法在他的內心已經根深蒂固了。

家長首先要做的，就是向孩子表達出他們明確不同意的立場。讓孩子知道父母的想法，下一步才是和孩子進一步溝通。

措施 2：讓孩子幫你一個小忙

在對孩子改正錯誤這件事上，行動比言語更重要。

要把錯誤的思想連根拔起，光靠嘴上的說教是不夠的，如果能夠和孩子一起行動，讓孩子感受到做正確的事的快樂，那麼這是不是比懲罰更有效？

具體的做法是，可以讓孩子幫一個小忙，讓其參與到彌補過錯的行動中來。單靠犯錯 —— 大人教誨 —— 孩子成長這樣三個步驟是遠遠不夠的，每個孩子都應該得到彌補他們犯下的錯誤的機會。

言傳身教，言傳只是基礎，身教比言傳更重要。只有大人的實際行為才能給他們帶來震撼，並使他們發生改變。

措施 3：明確地表達對孩子的期望

如果我們沒有對孩子明確地表達過對他的期望，那麼孩子犯錯誤，其實本質上是大人的疏忽導致的。

家長應用明確的語言告訴孩子你對他的期望，你希望他怎麼做。

比如說：「媽媽希望你能成為一個懂得尊重他人的人。媽媽希望當你做錯事時，你能夠向別人道歉。」

成為一個懂得尊重他人的人 —— 是表達期望。

能夠向別人道歉 —— 是希望他具體怎麼去做。

措施 4：讓他體會到做錯事的後果

我在網上看到過這樣一個故事：有個孩子，在他小時候家裡請了個保母，這個保母身世淒涼，唯一的財產就是她隨身帶著的親人的照片。

這個孩子小時候不懂事，常常為難保母。有一天，他偷偷撕碎了保母珍藏的照片，還故意把飲料倒在保母的衣服和床上。

保母買菜回來，看到這個場景，一下就哭了。小孩有點後悔，但他非常倔強，可能在他心裡，覺得自己就是擁有更多權利吧。

孩子的媽媽回到家，發現孩子做的這些事，幾乎氣炸了。她想揍孩子，但是保母一直攔著她。

最後孩子的媽媽把孩子叫到跟前，讓他看著媽媽一點點地手洗保母的衣服和床單。媽媽又一點一點地把照片拼好。在這個過程中孩子後悔了，一邊哭一邊道歉。

但是孩子媽媽並沒有停下，把這一切做完後，她先是和孩子講道理，告訴孩子這個阿姨是多麼不容易，講阿姨平時對他的好。最後媽媽問了孩子兩個問題：

「你做錯了事情，媽媽就要替你承擔後果。看到媽媽這樣替你承擔，你感到難過嗎？」

「阿姨離鄉背井出來工作，憑藉自己的勞力賺錢，為什麼你要這樣侮辱她？你覺得別人不需要尊重是嗎？」

從此以後這個孩子就改了。他說他始終記得媽媽問他的這兩個問題。

但是我想，假如這位媽媽一上來就問這兩個問題，擺事實、講道理，可能未必會有這樣的效果。為什麼？因為孩子是跟家長學的。而且孩子沒有意識到他所犯的錯誤，會帶來什麼樣的後果。

在這個故事中，孩子犯的錯誤，由媽媽彌補了。但是孩子也承受了相應的後果：媽媽替他道歉，媽媽替他洗衣服、補照片。即使他已經後悔了，哭著道歉，也不能改變這一事實。

我想這種後果對孩子來說，教育意義是很大的。

關鍵是，家長要能夠狠得下心，讓孩子真正意識到錯誤帶來的後果，而不是簡單地批評幾句、打幾下就完事。

措施5：告訴孩子如何彌補他的過錯

當孩子徹底意識到自己錯了，家長就需要給孩子改過的機會。溫和地給孩子指引方向，告訴他們如何去彌補自己的行為，並避免以後再犯此類錯誤。

爸爸的回信：我們一起把房間收拾乾淨了

清潔阿姨走了，我和孩子談了很久。

我跟孩子說了很多以前沒有跟他說過的話，比如我看到的他的優點和缺點，他讓我引以為傲的地方，他小時候是多麼聽話。他聽得很認真。

最後我跟他說了我對他的期望：「爸爸希望你能成為一個懂得尊重他人的人。爸爸希望當你做錯事時，能夠向爸爸道歉。」

他想了想說：「爸爸我錯了。」

然後他繼續低著頭說：「爸爸你懲罰我吧。」

我說：「那好，那我們一起把房子打掃乾淨好嗎？」

他顯露出特別高興的樣子，因為平時我的懲罰都是不讓他看動畫片，不讓他出去玩，禁足，他沒想到這次是和他一起打掃房子。

然後我們父子倆一起動手，足足忙了好幾個小時。雖然很慢，但是這個過程遠比平時要快樂。

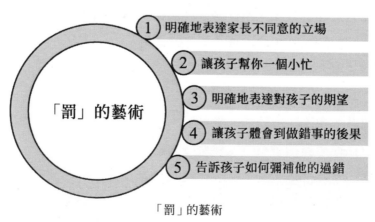

「罰」的藝術

1 明確地表達家長不同意的立場

2 讓孩子幫你一個小忙

3 明確地表達對孩子的期望

4 讓孩子體會到做錯事的後果

5 告訴孩子如何彌補他的過錯

「罰」的藝術

40. 練就 5 雙眼睛

媽媽的來信：孩子被爺爺奶奶寵壞了怎麼辦？

我的孩子今年 4 歲，我平時工作比較忙，因為我的工作是專案制的，忙的時候特別忙，等一個專案完成後往往又能清閒很久。所以從孩子上幼稚園開始，我在忙的時候就讓爺爺奶奶帶他，有時是幾週，有時是一兩個月。等我不忙的時候再把他接回來。漸漸地我發現，孩子養成了很多「臭毛病」。比如吃飯的時候總要大人三催四請，甚至追著餵，飯後馬上要吃零食，對人也沒有禮貌，老是沉浸在自己的世界裡。

為了改掉孩子的這些壞習慣，每次見到孩子我都會對他嚴加管教。有幾次我都忍不住對孩子的爺爺奶奶說不能太縱容孩子。孩子心裡也明白我和他爺爺奶奶的教育方式是不一樣的。

如果把他從爺爺奶奶身邊帶走，頭幾天他總是狀態不對，也不聽話。但是和我相處幾天後，很多毛病就能改過來，變得乖巧聽話。不過再把他送回爺爺奶奶身邊後，他又開始變得乖張跋扈。

有次我帶著孩子出門，碰到社區裡負責打掃的阿姨，我就說：「亮亮，快叫阿姨好。」

孩子卻低頭悶不吭聲，弄得我特別尷尬。

等阿姨走了，我問孩子：「為什麼不叫阿姨好？」

孩子說：「爺爺奶奶說了，穿黃衣服的都髒，讓我離他們遠點。」

我很生氣地說：「你怎麼能這樣呢？太沒禮貌了！」

我跟他講了一會兒道理，以前我對孩子的教育不太重視，並沒有耐心地和孩子講過道理。我對孩子說：「每個靠自己勞力吃飯的人都是值得我

們尊敬的,沒有誰比誰更高貴,只是社會需要不同的分工。媽媽希望你能夠學會尊重每個人,對清潔工阿姨也要如此。」

他卻悶頭不吭氣。當我再數落他時,他竟然哭了,並衝我吼:「我不要妳!我要爺爺奶奶!爺爺奶奶從來不說我!」

這個孩子實在太讓我傷心了,我該拿他怎麼辦?

老一輩人和年輕人的養育方式確實有很大不同。當老一輩和爸爸媽媽同時養育孩子時,很容易就把孩子「帶偏」。

養育一個孩子,需要爸爸媽媽具備足夠的智慧。為了孩子的順利成長,我的祕訣是練就 5 雙眼睛。

■ 肉眼看到現象 —— 孩子的行為

當孩子出現成人所不能理解的問題時,首先我們要靜下心來,去觀察並記錄他的行為。

肉眼往往只能看到孩子的行為及語言的表象。只有把他們的行為羅列下來,而後才能思考這些行為背後的本質。

比如當孩子和嚴厲的爸爸媽媽在一起時,他們就會表現得聽話、乖巧;但是當孩子和溺愛他的爺爺奶奶在一起時,他們就會變得乖張、跋扈。因為爺爺奶奶長期為孩子製造的是寬鬆的環境,導致他們不能適應爸爸媽媽的規則,最終導致了爸爸媽媽和孩子之間的衝突。

孩子在成長的過程中,會無意識地展現自己的優點,有的是記憶力驚人,有的是在游泳方面有天賦,有的是對音樂或舞蹈有特殊情感,等等,在這個過程中,父母不僅要學會觀察、捕捉現象,還要做好記錄,因為現象邊發生,我們的大腦邊儲存,最後儲存得很深以致很容易被忘記。我是鼓勵家長寫週記的(日記壓力太大),堅持一年,相信你會有驚人的發現。

■ 天眼看到本質 —— 孩子行為和語言的本質

我們除了用肉眼看到孩子的行為，還需要有一雙天眼，去發現孩子行為背後的本質。如果我們只停留在孩子的行為層面，常常會誤解孩子，也沒有機會真正去接觸孩子的內心。

我曾說過，世界上沒有無理取鬧的孩子，孩子都是講理的，只是他們的理有時成人無法理解。「如果把他從爺爺奶奶身邊帶走，頭幾天他總是狀態不對，也不聽話。但是和我相處幾天後，很多毛病就能改過來，變得乖巧聽話。不過再把他送回爺爺奶奶身邊後，他又開始變得乖張跋扈。」這種現象背後的本質是：每次把孩子從爺爺奶奶身邊帶走後的頭幾天，他的這種症狀會尤為明顯，這其實是孩子在適應新規則 —— 他在努力從爺爺奶奶的規則體系裡跳出來，轉換到爸爸媽媽的行為體系中。

為什麼孩子會哭鬧？

為什麼孩子會抗拒母親的教育？

孩子其實都是守「規矩」的，跟著爸爸媽媽長大的孩子，會遵守爸爸媽媽給他建立的規矩和標準；跟著爺爺奶奶長大的孩子，會適應爺爺奶奶給他建立的規矩和標準。這種規矩和標準，是人類獨有的「秩序感」。這種秩序感，不僅孩子需要，成人也需要。

比如孩子學業成績不好，這是階段性結果，是短暫的現象，我們要做的不是發脾氣和指責孩子，而是靜下心來思考其本質，那就是：成績能反映出什麼？成績下降的原因有哪些？身為家長我們觸碰了哪些？我們應該怎麼做才能幫助孩子提升成績？這些都是家長動用天眼後產生的思考。

我曾在一個家庭教育班認識了一位家長。這位孩子爸爸對我說，他的孩子有過動症已經很多年，而且目前到了非常嚴重的階段。

當我第一次看到這個孩子時，我就知道他並不是真的有過動症。

　　他的過動症狀，一方面，是為了配合大家看待他的眼光（很多孩子都是如此，你如何看待他，他就會表現出你認為的行為）；另一方面，他的種種症狀，其實是因為他內心有著強烈的不安，如果一個孩子在很小的時候沒有獲得足夠的安全感，甚至受到過恐嚇，那麼就很容易表現出過動的症狀。

　　這個孩子在成長的過程中，受到的是來自父親的非常糟糕的教育。

　　在他小時候，他爸爸對他的教育方式就是恐嚇和威脅，使得孩子在安全感還沒有形成的階段，就受到了很嚴重的心理傷害。

　　孩子的爸爸不僅對待孩子如此，對待孩子的媽媽也是這樣，他常常會當著孩子的面大聲地吼孩子的媽媽，導致他們很早就離婚了，現在孩子爸爸也沒有幫孩子找繼母。

　　這位爸爸雖然愛他的孩子，愛他的妻子，但是他不知道怎麼去愛。他所秉持的，就是那種威嚴的極權教育。

　　所以這個孩子，從 5 歲開始就表現出了過動症的症狀，爸爸帶他去求醫問藥，找了很多著名的兒童過動症專家去治療。現在七八年過去了，還是沒有治好。

　　我對孩子爸爸說：「過動症是從西方傳過來的一種疾病的名稱。它是否真的是一種病，到目前為止還沒有得到完全確認。尤其你的孩子，看起來不是單純的過動症，因此我個人認為不可以把它當作一種疾病去治療。以前我遇到過很多有過動症孩子的家長，他們對孩子非常用心，但是治療的方法無非是吃藥和看管，有的家長甚至還會請保母或者專員去專門看護孩子，甚至有的孩子在上課的時候，都有人坐在他旁邊按住他的手不讓他動。實際上。這對孩子的心理是一種巨大的傷害。而我的治療方法恰恰和過動症的治療方法相反，不需要藥物，而是從心理上去治療。」

　　首先，我們要從心理上解除孩子患了過動症這一認知，因為小孩都有一個好動的過程，我們不能因為看到了孩子的好動，就認定他患了過動症。

　　我給予這個孩子家長的解決辦法是，首先告訴孩子，你不是過動症，也不需要吃藥，爸爸相信你能不吃藥就改善這個症狀，讓孩子從心裡認為自己沒有患過動症。然後，輔助心理輔導，幫孩子從內心建立安全感。

　　因為這個孩子之前被認為患了過動症，他每天都在吃藥，這種藥物有很大的依賴性，而且專家說這麼吃下去，以後一輩子都不能停藥，這種現象是讓我們非常心痛的。

　　所以現在最重要的，是要對孩子說一個善意的謊言：告訴孩子，你不需要吃藥，就能表現得很好。

　　但在第一個階段，大概一週的時間，偷偷地給他吃藥，不讓他知道，比如把藥融化在水裡，他喝了就會表現得很安靜。但是他並不知道自己在吃藥，還以為是靠自己的力量停止了過動症的行為。

　　第二個階段，慢慢地把這個藥停掉。從一開始的 1 天 2 片，到 1 天 1 片，再到 2 天 1 片，最後一點兒藥都不吃。

　　這樣的結果是：他會不知不覺地把藥戒掉。同時當藥物逐漸減少時，他有時會表現得很安靜，這時我們就誇獎他堅持得很好；當他因為沒有藥物，又表現出過動時，我們就告訴他：你可以的，你能靠自己的力量改變，你看前幾天，也沒有吃藥，你表現得那麼好，說明你可以的！

　　現在已經過去幾個月了，這個孩子表現得非常好，七八年都沒有治好的過動症症狀，現在已經完全消失了。

　　為什麼七八年沒有治好的病，我們靠這樣的方法卻能治好？

　　我們不能輕易把孩子的過動症當作疾病來對待。我們要做的是完善孩子的心靈世界，而心靈，它是包含在精神世界當中的。

精神世界包含 3 個層面：心理、倫理和信仰。而我們要做的，就是幫助孩子建立強大的自我。上述治療過程，就是幫助孩子建設他強大的內心，幫助他建設他的信仰，讓他自己戰勝自己。

當我們的孩子出問題時，我們一定不能馬上下結論：這個孩子「病」了。要透過他的「病」的症狀，看到他病症、行為背後的本質。

■ 法眼看到規律 —— 是誰使孩子產生這種行為

孩子的行為往往都是有規律的，規律就是什麼情況、什麼時間，孩子會產生這種問題行為。透過分析孩子行為的規律，我們就能進一步掌握幫助他們的方法。

我認識一對父母，他們非常有錢，但他們的孩子卻和一般嬌生慣養的孩子很不一樣 —— 他們的孩子非常懂事，而且對待任何人都很有禮貌。

我就詢問他們教育孩子的方法，他們告訴我，他們從小就讓孩子養成尊重他人的習慣，孩子的事情也都是他自己做的。

雖然家裡請了阿姨，但是這個孩子的房間阿姨是不用打掃的，孩子必須自己動手打掃。

對此他的爸爸媽媽這麼向他解釋：「請阿姨，是因為爸爸媽媽工作很忙，沒有辦法兼顧家務。但是你沒有工作，讀書之外你也有自己的時間，所以你自己的事情要自己做。」

政治有政治的規律，商業有商業的規律，社會有社會的規律，教育有教育的規律，家庭有家庭的規律。當識別本質的能力達到一定程度時，身為家長就能順其自然就孩子的不同問題在規律的基礎上去教育孩子，建立起一套可以千變萬化的規則體系，不僅不會讓孩子走偏，還能讓孩子成為幸福的人。

■ 慧眼看到源頭 —— 凡事從源頭出發，最後回到源頭

　　這就是我們常常說的萬變不離其宗。當我們對孩子的教育思考到達一定階段的時候，你會發現，教育孩子和很多事情都是相通的。教育的源頭是針對不同的心性給予不同的資訊和方法，王鳳儀老先生直接以「去除秉性，圓滿天性」作為他的教育主張，王陽明先生也是任何學問「直指人心」。很多優秀的家庭教育者都認為，對於孩子，養成好的行為習慣就能改變孩子的命運，幫助孩子擁有幸福的未來。

　　關於這一點，我的見解是，教育的源頭要指向精神世界，而精神世界又分為心理、倫理和信仰。在這裡暫時不多論。

■ 慈眼看到愛的力量 —— 愛的力量使孩子改變

　　身為父母，只有擁有一雙慈眼，才能看到愛的力量對孩子的作用。教育是什麼？是一棵樹搖動另外一棵樹，是一朵雲觸碰另一朵雲，是一個生命推動另一個生命。

　　給孩子時間：允許孩子有改正和適應的時間，允許孩子有犯錯的時間，給孩子時間讓他去適應爸爸媽媽的規則體系，給孩子時間去建立屬於他自己的道德體系和行為規則。在這段時間裡，爸爸媽媽對孩子不要過於苛責，要冷靜地觀察孩子的行為，耐心地等待孩子的改變。

　　給孩子鼓勵：當孩子有了進步時，要立刻看到孩子的努力，並且告訴孩子，你看到了他的努力，你為他感到高興，為他感到驕傲。學會肯定孩子的付出。

　　給孩子選擇權：在我們給孩子講完道理後，最重要的是給他們選擇權，讓他們自己選擇是改正還是不改正自己的行為，自己選擇該如何建立規則。只有孩子自願選擇變好，而不是受人強迫，他們才會從本質上變好。

　　總之，真正的愛是會愛，並非敢愛和能愛，因為愛的標準是對方給的！愛看上去是改變了孩子或別人，實際上在會愛的過程中，也成就了新的自己。

　　練就這5雙眼睛，我們可以把細心、智慧、耐心和愛心的力量發揮到極致。當爸爸媽媽有了這5雙眼睛，等於孩子在成長路上有了護身符，因為沒有什麼力量，比智慧和愛的力量更強大。

　　媽媽的回信：孩子的改變

　　晚上，我和孩子一起看卡通。正好卡通裡有個角色，要代替清潔工去掃馬路。我對孩子說：「亮亮，你看清潔工的工作辛苦不辛苦啊？」

　　他大聲說：「辛苦！」

　　我又說：「亮亮，我們社區和外面的馬路乾淨嗎？」

　　他想了想說：「乾淨。」

　　我說：「那你還記得去年跟媽媽回老家時的情境嗎？老家乾淨嗎？」

　　我的老家在農村，當然不乾淨了。孩子想了想說：「老家不乾淨，都是土和垃圾，髒死了。」

　　我說：「對啊，那你想想這是為什麼呢？」

　　他思索了會兒，對我說：「因為老家沒有清潔工！」

　　我說：「對啊，亮亮挺聰明啊。那你今天看到清潔工阿姨，為什麼不和人家打招呼，還嫌人家髒呢？人家為什麼髒呢，不也是為了把社區變乾淨才弄髒的？」

　　他支吾著：「嗯……嗯……」顯出很糾結的樣子。

　　我再接再厲地說：「而且，人家也不髒啊。人家穿的是工作服，為了工作才弄得不乾淨的。人家工作完畢換下工作服，比你還乾淨呢。」

　　他說：「對，人家不髒！」

我說：「那你說，我們下回看到清潔工阿姨該怎麼辦？」

他說：「說謝謝阿姨！」

我說：「這就對了，亮亮真懂事，自己能想明白。」

後來再見到清潔工阿姨，他果然都很有禮貌。之後針對和孩子爺爺奶奶教育方法不同導致的問題，我都會好好地和他說，並且給他權利，讓他自己選擇怎麼做。

那天我把他送到爺爺奶奶家，爺爺奶奶又說起清潔工，孩子爺爺說：「清潔工工作太髒呀。」

亮亮馬上說：「清潔工不髒！清潔工是為了工作才變髒的！人家平時不髒！」

孩子的爺爺奶奶都吃了一驚，不過他們都誇亮亮說得對。

41.
孩子，讓我們來建立規則和秩序

讓孩子建立起規則和秩序，對其今後的成長有重要意義。那麼，如何幫助孩子建立規則呢？其實非常簡單：就是制定出明確的行為準則，及時對孩子的行為作出反應，該獎時就獎，要罰時必罰，對獎罰的原因要具體說明。

最早建立規則和秩序時，往往是透過和孩子講道理的方式來完成的。

■ 和孩子講道理的祕訣

當我們在談論「和孩子講道理」的時候，我們在講什麼？

我們說的「講道理」就是要對孩子講清楚行為準則的原因：哪些事情為什麼不能做，哪些事情什麼應該做，哪些事情為什麼必須要做。

例如：「今天你為什麼要搶弟弟的玩具？你和弟弟一人一個，為什麼還要拿弟弟的？弟弟的玩具比你的好，你想要，那你為什麼不去詢問弟弟，自己是否可以借來玩一會兒？把別人的東西搶過來是不是壞孩子？你肯定不想做壞孩子吧？現在你應該立刻去向弟弟道歉。」

那麼，我們要和孩子講什麼樣的道理？

道理有很多，大到「父母者，人之本也」，「勿以惡小而為之，勿以善小而不為」，小到「吃飯前要洗手」，「接受別人的東西要說『謝謝』」，所有你覺得一個優秀的孩子應該懂的都可以作為道理講給孩子聽。至於什麼樣的孩子才能稱為「優秀的孩子」，這個沒有標準，不同父母的要求也不一樣，所以，不同父母培養出來的孩子也就不一樣。

■ 講道理的目的是幫助孩子建立行為規範，形成自控能力

剛剛會到處跑的孩子，其行為其實沒有什麼規律可循，此時他們還不會控制自己的行為，也沒有道德觀。應不應該拿別人的東西，該不該在公共場所大聲吵鬧，這些都需要父母去教育他，不斷地去規範他的行為，讓他逐漸建立自己的行為規範以及自我控制能力。

當然，暴力方式也可以產生令行禁止的作用，但這種做法只能治標不能治本，而且對孩子今後的成長有不良影響。所以將做事的道理講清楚，才能讓孩子明白自己應該如何去做，進而鍛鍊他的自我控制能力。當孩子的自我控制能力達到一定程度後，無論你是否看著他，他都會依照自己的行為規範去做事，知道什麼事應該做，什麼事不能做。

那麼，家長應該如何幫助孩子建立他們的自主能力？

我們可以將孩子今後的個人能力比作上層建築，那麼上層建築必須要有基礎才可以建造出來。究竟什麼是基礎呢？在你幼年時期你的父母告訴你的做人道理就是基礎。碰見事情我應該怎樣做，遇到困難應該怎麼面對，做錯事了應該如何去改正，這些答案都來自於童年時期父母告訴你的道理。

不同的國家有不同的文化背景，但在教育孩子方面都有共同點，那就是在孩子小的時候就將處事道理告訴他，雖然不同文化背景下這些道理不盡相同，但是造成的作用都是一樣的 —— 當家長在孩子童年時就不斷向其灌輸各種處事道理，孩子在長大之後就會擁有很強的自立能力，不需要父母再為其操心。

幫助孩子建立規則和秩序有個關鍵原則。

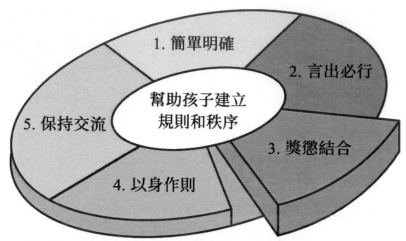

幫助孩子建立規則和秩序的 5 個關鍵原則

原則 1：簡單明確

行為準則必須要簡單明確，並且全部家庭成員都要共同執行這一套行為準則。

對孩子的行為要能夠及時做出反應。當孩子觸犯了行為準則或者有極佳的表現時應當立刻就做出反應，不要在事情發生了好幾天之後再去懲罰孩子，或者為幾星期以前的事情表揚孩子。這樣做就錯過了最好的時機，起不到應有的效果。

原則 2：言出必行

當父母跟孩子承諾一件事情時就必須去履行，否則會讓孩子產生消極心理。比如你告訴孩子下次考試考 100 分就會得到一件玩具，而當孩子透過自己的努力真考了 100 分時你又不願給孩子買玩具，孩子就會失去對父母的信任，今後對待考試就不會再努力、用心了，因為他感覺自己受到了欺騙。任何人受到欺騙的感覺都不會好，孩子也一樣。

原則 3：獎懲結合

該獎時就獎，要罰時必罰：在孩子做出努力後應當表揚他，而在孩子犯了錯誤後應當對他進行懲罰。當然，如果使用暴力手段進行懲罰，那麼反而會適得其反—孩子會因為懼怕因而透過說謊、躲起來等行為逃避懲罰。

對獎罰的原因要具體說明。當孩子受到獎勵或者懲罰時要讓他知道原因，孩子了解了具體原因就會在心中留下深刻印象，並強化心中的道德觀。假如父母沒有控制住自己，用暴力方式懲罰了孩子（雖然我對於這種方法是極力反對的，但這是常見行為），也要在之後讓孩子明白原因，並且讓孩子感覺到自己的愛。

通常精神刺激和物質刺激兩種方法相結合會造成更好的效果。在孩子透過自己的努力完成一件事情之後獲得了表揚並得到了物質獎勵，那麼他在內心當中就會告訴自己這麼做是正確的，今後也應該這麼做。當然，獎勵和懲罰都要適當，我們的目的是為了引導孩子建立正確的行為規範和道德觀念，而不是讓孩子為了得到獎勵或者逃避懲罰而做事。

原則 4：以身作則

道理可以講給孩子聽，但是家長必須以身作則才能夠讓孩子接受這些道理。如果你今天告訴孩子應該遵守交通規則，紅燈停，綠燈行，而第二天你帶著孩子出門遇見紅燈就闖過去了，那麼孩子就會產生疑惑：父母講的道理是否應該聽從？孩子因為年齡小，自我判斷能力較弱，這時就需要父母去引導孩子作出判斷，但如果你說的道理自己反而去違背，那麼就可能會使孩子認為這些道理是無需遵守的。

<u>原則5：保持交流</u>

　　父母和孩子間的溝通交流非常重要。一些父母在懲罰過孩子之後就不聞不問了，認為透過懲罰孩子就應該明白被懲罰的原因。實際上很多時候孩子不會太理解自己為什麼會受到懲罰，但通常孩子不會主動開口詢問，那麼就需要父母主動：「你知道為什麼爸爸媽媽要這麼做嗎？」父母要鼓勵孩子多說話，了解他內心的想法，當孩子對於「道理」產生疑惑時，可以和他一起討論，必要時父母可以適當地做出讓步。隨著孩子年齡的增長，溝通和交流就顯得越發重要。

讓我們走向自強自立之路

　　某著名女作家曾經在社群平台上發過這樣一則內容，引起了廣泛的討論：「兒子要買一個樂高，價值不斐。我拒絕了。他說你又不是沒錢，為什麼不買給我？我答，這世界上有錢的人多了去了，比爾·蓋茲（William Henry Gates III）也有錢，你怎麼不讓他買給你？他說，他又不是我親生母親。我說，你就當我不是你親生母親好了。什麼東西得到都不是應該的，張口就有，你以後還有什麼奮鬥目標和工作動力？之後工作了自己買。」

　　身為功成名就的作家，她肯定是有這個經濟實力的。但是她仍然沒有買樂高給孩子，並且說：什麼東西得到都不是應該的，張口就有，你以後還有什麼奮鬥目標和工作動力？之後工作了自己買。

　　在我看來，這是讓孩子從小樹立萬事靠自己的責任心。文章內容在短時間內就在各大網站、論壇引起了廣泛的討論，有支持作家的，還有相當一部分是抨擊作家的，說她「虛偽自私」，認為孩子的要求就應該滿足，不然長大以後再買就不是那個感覺了。

　　持有這種看法的家長有多少呢？孩子的要求就應該滿足嗎？那麼孩子的責任心、引導孩子自己努力的心又從何培養呢？

■ 家長是否一定要盡最大的努力幫助孩子實現童年的樂趣和興趣？

　　首先，請回答一個問題：對於孩子童年的樂趣和興趣，是不是家長一定要盡最大努力去幫助他實現？

　　在回答這個問題之前，我先講一下我朋友的故事：在我的朋友很小的時候，她非常喜歡芭比娃娃，她對自己的幾個娃娃都用心去愛，給她們穿

衣服、做衣服、換衣服；讓她們吃東西、睡覺。每天玩娃娃是她小時候最大的樂趣。每得到一個新娃娃之前，她都會非常地期待；得到一個新娃娃之後，她也會花很多時間去裝扮，她對這個過程毫無厭倦。

有一天，她的媽媽帶回一個非常大的包裹給她，原來她媽媽出差回來，給她買了 6 個芭比娃娃和十幾身娃娃的衣服。

在那個年代，父母給孩子買一個芭比娃娃，都夠孩子激動好久的了，何況是 6 個娃娃和十幾身娃娃衣服呢？

朋友對我說：她至今還記得那些娃娃每個都長得不一樣，她最喜歡一個金色捲髮的；那些衣服非常漂亮，都是蓬蓬的、鑲著亮片的公主裙。其中有一件藍色禮服裙，下襬的蓬蓬最大，顏色最美，亮片最多。

一開始她擺弄這 6 個娃娃，不斷地給她們換衣服、換裙子，睡覺的時候把她們藏在床下的玩具箱裡。甚至大人睡著了，她還偷偷從箱子裡把娃娃拿出來。

但是很快，也就十幾天吧，她忽然就玩膩了。

之後就再也不玩娃娃了，不光是她媽媽新買的娃娃她不玩了，以前的舊娃娃她也不玩了。她忽然對娃娃失去了欲望和興趣。她在很短的時間內「長大」了。

這個玩娃娃的樂趣，她也很早就失去了。

所以說，滿足孩子的樂趣和興趣，是父母應該做到的；但是盡最大努力，是不必要的。如果所有的願望都被滿足，那麼孩子在接下來如何靠期盼和激勵生活呢？

如果孩子有願望，應該是父母幫助孩子「盡他自己的力量」去實現願望。

在孩子想要某件東西之前，不管是買還是不買給孩子，都要和孩子溝通，告訴他買或不買的原因。比如說：

買了這個，我們這個月的生活費就要減少了；

買了這個，三個月內我們都買不起新的東西了；

買了這個，就沒辦法給你買新的桌子了……

不管買不買，都要讓孩子知道花錢的代價。

如果你不買給孩子，孩子就開始哭鬧、摔打東西，甚至打父母 —— 這其實是個好現象，說明家長之前對孩子財務上的教育是錯誤的，現在糾正還來得及。

如果孩子吵鬧過後，坐在那裡失望地思考，這正是他成長的時候。

如果他之後都做得很好，那麼家長可以滿足一次他的願望，在他付出努力和久久的期盼之後得到的東西，一定能帶給他加倍的快樂。

第八章
冷靜的愛

在孩子面前，我們常常扮演著一個全知全能的角色。我們假裝了解孩子，假裝了解一個孩子的內心、過去，假裝能夠了解一個孩子的未來。

我們假裝知道學什麼對他最有價值，假裝知道怎樣做對他最有用，然後告訴他走哪條路對他最好……

人的一生那麼漫長，世界的變化又是那麼快，我們真的知道未來，在孩子生活的那個時間，什麼才是對他最好的嗎？我們真的知道哪條路才是最適合孩子、最能令他幸福的嗎？

當然不是！我們只是出於恐懼，給孩子選擇了最簡單、最保險的路。

我們以愛的名義，去控制孩子走我們認為最安全（其實那只是最平庸的，未必安全）的路，我們在用愛挾持孩子。

讓我們停止全知全能，並練習冷靜地去愛。

43.
孩子，成為你的人生導師並不容易

成為孩子的人生導師，是每個父母的願望和追求。但是要成為孩子的人生導師，並不是那麼容易的事情。

在孩子長大後，90％的父母都聲稱，他們在孩子的成長道路上給了孩子正確的指引，對孩子未來的發展規劃給予了充分有效的意見。

但是這些父母的孩子們在接受調查時，有80％的孩子表示：「並沒有從爸爸媽媽那裡，獲得關於未來的任何有效指導。」

這一調查說明：當我們認為自己能夠勝任孩子的人生導師這一角色時，只是在自作多情而已。這是多麼可怕的事實！

什麼樣的父母才能稱之為「人生導師型的父母」？

充分了解孩子，能夠和孩子自由溝通；

清楚地了解自己孩子的能力和興趣、性格上的優點和缺點、與生俱來的長處和天賦；

了解現在的社會情況，也清楚地知道未來孩子所處的環境；

能夠在最恰當的時間，給予孩子最需要的指導。

如何成為人生導師型的父母？

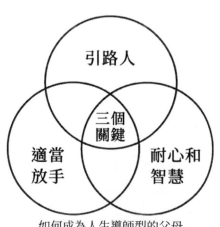

如何成為人生導師型的父母

■ 關鍵詞 1：引路人

人生導師型的父母，是孩子成長道路上的引路人。

人生導師型的父母始終會保持學習、思考，並幫助孩子學會思考。

只有父母自己掌握了充分的資訊，對環境和社會有了自己的思考，才能很好地指導孩子，而學習是達成這一目標的唯一途徑。

人生導師型的父母善於透過提問，使孩子去思考自己的未來，去思考他們的人生選擇，發現他們的人生意義。

他們會詢問孩子這樣的問題：「你的夢想是什麼？假如你的夢想能夠實現，能夠為他人、為世界帶來什麼樣的改變？」

■ 關鍵詞 2：適當放手

即使人生導師型的父母了解一切，他們仍然會把最重要的決定權交還給孩子。

孩子才是真正能夠決定他們自己人生的人。即使人生導師型的父母了解一切，但還是會充分尊重孩子的意見。

他們提供最關鍵的建議，努力為孩子發揮他們的特長創造最好的環境，但是他們不會左右孩子的決定。

■ 關鍵詞 3：耐心和智慧

人生導師型的父母既嚴厲又慈祥。

人生導師型的父母擁有充分的耐心和足夠的智慧。他們會在孩子需要安慰的時候給予孩子最溫暖的擁抱，給予孩子親切的指導。同時，他們有自己的準則，有自己的原則和底線，不會讓孩子越過雷池半步。

　　在孩子做錯事時，他們會堅定地給予批評，而不是嫌麻煩或者覺得無所謂就對孩子的錯誤視而不見。他們會培養孩子判斷是非對錯的能力，並使孩子建立起自己的是非觀。

44.
20 年後，你面對的世界是什麼樣的？

西元 2015 年，一篇文章〈講給未來的主角 —— 未來 30 年的職業世界會怎樣？〉在網際網路上廣為傳播。

這是一篇關於未來是什麼樣的社會、未來需要什麼樣的職業人的探討性文章。我想和爸爸媽媽們分享並討論其中的一部分內容，在文章的一開始，作者說道：

現在我們的所有教育都希望孩子不要輸在起跑線上，但是我要問的是，未來的世界是一個怎樣的世界？各位有沒有意識到，今天的小學生真正在人生的頂峰、最需要小學所教的能力，是什麼時候？其實不是學測的時候，而是 35 歲的時候，這一輩子他在職業最頂峰的時候，最需要運用到一些從小到大學習的人際技能。所以今天所講的人才，是要適應他 35 歲也就是西元 2040 年的社會，而不是適應 16 ～ 18 歲學測時候的人才。那麼未來的世界是一個怎麼樣的世界？今人的孩子到那個時候在追求什麼樣的生活？有沒有可能其實每一個小孩都沒有輸在起跑線上，而未來其實是一場游泳比賽呢？我們努力讓他拚命往一個起跑線上奔跑，但是其實未來就不需要跑步，可能出現了一個全新的規則。

■ 1. 未來的社會是全新的規則

現在我們的孩子，未來他們競爭的時間是西元 2030 年、2040 年，那個時候的世界是什麼樣的？那個時候的規則又是什麼樣的？

我們的父母們，是否在用西元 2015 年、2020 年的教育方法去教育生活在未來世界，競爭在西元 2030 年、2040 年的孩子們？

■ 2. 未來的世界：從資訊化到概念化

在〈講給未來的主角——未來 30 年的職業世界會怎樣？〉這篇文章中，作者提到未來職業環境的第一個特徵就是從資訊化轉向概念化，掌握技能和知識的人將會被掌握理念並且能夠高度提煉理念、發現規律的人才所取代。

當我們忙著讓孩子考第一，讓孩子成為高材生的時候，是否思考過未來的社會是否需要第一名和高材生？

現在去富士康的工廠看看：大量的機器人開始取代人工，這些機器人不需要休息，也不懂情感，更不需要別人給他們發薪水。1,000 個機器人可能會發揮出 10,000 個人的勞動力，但是他們需要的只是相當於 10 個人的薪水的資源和 1 個維修工。

在未來世界，大量的人工勞力會被機械化、智慧化所取代，現在很吃香的職業，比如銀行人員等，到了未來，可能會被機器人、被全自動化的流程所取代。

如果沒有適應未來時代的技能，你的孩子很可能就會被淘汰。

■ 3. 未來的世界：競爭更為激烈的世界

不知道父母們是否意識到我們現在已經在浪潮之中，正經歷第二次最大的轉型。

第一次轉型，是很多人下海經商，抓住機會的人們先富起來了，也有大量的工人被解僱，鐵飯碗不再是鐵飯碗，所有人都被扔到一個大環境裡去競爭。

第二次轉型，就是我們所處的現在，這種轉型是全世界的趨勢。我們在從工業型社會轉型成服務型社會，所有的企業都被扔在同一個環

境 —— 網際網路所連線的大地球村中去競爭。

製造業不再景氣，但是新興行業正在崛起。

這就是我們所面臨的世界，到了西元 2030 年、2040 年，孩子們所面臨的世界競爭會更為激烈。我們的孩子，必須是更能適應快速變化的環境的競爭型人才。

如果你還教孩子要堅持、要有毅力、要堅持自己的職業道路，也許是害了孩子。因為未來的世界，需要的是能夠快速適應環境、快速調整的人才。

45.
孩子，未來需要什麼樣的你？

在過去，即「1980 年代後」、「1990 年代後」這一批人成長的年代，家長常常會讓孩子選擇醫生、教師、銀行人員、建築師等職業，那時候的家長覺得有份穩定工作、有個部門可作為歸屬是再好不過的。

到了「2000 年代後」成長的年代，我注意到更多家長開始讓孩子選擇金融、電腦、通訊等職業，因為現在這些專業是最吃香的。

以現在 —— 西元 2015 年來說，的確如此。但是當「2000 年代後」們長大了，未來世界最需要的還是電腦人才和金融人才嗎？

很難說！那麼孩子，在未來世界，20 年、30 年後的世界，需要的是什麼樣的你呢？

未來世界是全新的規則

1. 設計能力	更感性	4. 同理能力
2. 講故事的能力	能夠快速適應	5. 娛樂能力
3. 整合能力	具備幸福的能力	6. 尋找意義的能力

未來世界需要的6種能力

未來需要什麼樣的你？

■ 孩子，未來需要更感性的你

著名的未來學家丹尼爾‧平克（Daniel Pink）把自己的未來學研究寫成了一本書《全新思維》（*Whole new mind*: *moving from the information age to the conceptual age*），其中的理論是：左腦主導理性和邏輯，右腦主導感性和創造，而未來需要的是更感性的人才，未來是「右腦」的世界。

一直以來，我們的教育都偏向於「左腦」型的教育 —— 我們追求高分，追求機械化，追求邏輯，追求知識，過去我們常說「學好數理化，走遍天下都不怕」。後來我們發現，在這個世界上脫穎而出、呼風喚雨的人才，他們無一例外都是右腦型人才。

比如蘋果曾經的 CEO 史蒂芬‧賈伯斯（Steven Paul Jobs）和通用汽車（General Motors, GM）的董事長羅伯特‧魯茲（Robert Lutz），他們都是傑出的典型的右腦型人才。

■ 孩子，未來需要你具備這 6 種技能：

丹尼爾‧平克（Daniel Pink）這樣定義未來需要的技能：設計能力（要有品味）、講故事的能力（要會講故事且能夠打動人）、整合能力（不僅有自己的專業，還要善於跨界）、同理能力（懂得理解和關懷他人）、娛樂能力（會玩樂）、尋找意義的能力（有自己精神上的追求）。

某日報以「丹尼爾‧平克：未來世界屬於『高感性族群』」，為標題，這樣描寫未來世界需要的 6 種關鍵能力：

一、不只有功能，還重設計

光是提供堪用的產品、服務、體驗或生活形態，已經不夠了。如今無論為賺錢或為成就感，都必須創作出好看、獨特或令人感動的東西。

二、不只有論點，還說故事

現代人面對過量資訊，一味據理力爭是不夠的。總有人會找到相反例證來反駁你的說法。想要說服別人、灌輸資訊，甚至說服自己，都必須具備編織故事的能力。

三、不只談專業，還須整合

工業時代和資訊時代需要專業和專才，但隨著白領工作或被外包出去，或被軟體取代，與專業相反的才能也開始受到重視：也就是化零為整的整合能力。今日社會最需要的不是分析而是綜合 —— 綜觀大趨勢、跨越藩籬、結合獨立元素成為新好產品的能力。

四、不只講邏輯，還給關懷

邏輯思考是人類專屬能力之一。不過在一個資訊爆炸、分析工具日新月異的世界裡，光靠邏輯是不行的。想在未來繼續生存，必須了解他人的喜好需求、建立關係，並展現同理心。

五、不只能正經，還會玩樂

太多證據顯示，多笑、保持愉悅心情、玩遊戲和幽默感，對健康與工作都有極大好處。當然，該嚴肅的時候要嚴肅，不過太過正經對事業不見得有益，對健康更有害。在感性時代，無論工作還是居家，都需要玩樂。

六、不只顧賺錢，還重意義

我們生活在一個物質極為充裕的世界。無數人因此跳脫了謀生性格，得以追求更深層的渴望：生命目的、處世意義，以及性靈滿足。

注意，這 6 種能力都不是機械所能辦到的，即使未來機器人統治了世界，這些能力也是機器人、電腦永遠無法做到的。

　　這是人類的感效能力，是人類把理性和感性結合、把邏輯和情感昇華的能力。家長們，你是否注重培養孩子的這 6 種能力？

　　我想看到這裡，很多家長的冷汗該下來了吧。太久以來，我們重視邏輯甚於感性，我們重視成績甚於意義，我們重視嚴肅甚於娛樂，我們重視學習甚於創造……

　　我們培養的，是適應過去、適應現在，卻不適應未來的孩子！

　　孩子，未來需要能夠快速適應的你。

　　未來的世界競爭遠比現在要激烈，只有能夠快速適應和改變的人才才能適應未來世界。所以從現在開始，你就要培養孩子的適應能力，孩子的適應能力越好，未來就越具備成功的可能性。

　　孩子，未來需要具備幸福能力的你。

　　在未來世界，孩子們將代替我們追求自我實現、追求幸福。

　　我現在的幸福感很強，並不是因為我有多少錢、我的事業有多成功、有多少人花錢上我的課程 —— 並不是如此，我們做的全國巡講是公益的，公益就是公益，我沒有從裡面掙一分錢。

　　而我的一些需要付費的講座和課程，是為了養活我的團隊。沒有團隊，我就不可能繼續我們的公益事業，也不可能站在更多的家長面前。

　　正在看這本書的父母們，我想年齡主要以少量的 1970 年代後、大量的 1980 年代後、數量正在慢慢增長的 1990 年代後為主。

　　1970 年代後應該稍好些，因為趕上了買房和立業的好時機。對 1980 年代後和 1990 年代後來說，壓力是最大的，尤其是 1980 年代後，買房的壓力重重地壓在他們身上，同時又要和 1970 年代後一起在職場中競爭。我們的幸福感，就在房子、金錢、追求安全感的過程中被忽視了。

　　但是未來的世界，我們的孩子會追求些什麼呢？

　　我想，他們會真正地代替我們，追求自我實現，追求他們本身的價值，追求幸福。所以，父母應該著重培養孩子幸福的能力。

　　讓孩子找到能夠發揮其優勢和特長的領域，即使不能夠成為別人眼中出類拔萃的、最成功的人，也要靠他自己的能力做到最好，靠他自己的能力獲得幸福。

　　所以，親愛的父母們，你們覺得自己的教育還適合未來孩子們所處的年代嗎？

　　你們教育出了能夠適應未來時代需要的孩子嗎？

　　你們的教育是否能夠滿足未來世界的需求呢？

　　從現在開始改變，一切都還來得及。

46.
孩子，讓我們建立起崇高的生命取向

父母能夠給孩子的最珍貴的禮物，就是幫助他們找到並追尋自己的人生目標。年輕一代常常提到的詞是：壓抑、迷茫、沒有未來……

這些都是因為他們在童年和少年時代，沒有樹立一個正確的、值得為之奮鬥的目標。尤其在剛剛踏入社會時，缺乏人生目標，會使孩子的人生增添許多挫折和煩惱。

幫助孩子尋找人生目標，同時也是給予孩子走向成功人生的寶貴動力。

▌1. 來，讓我們創造一個激動人心的目標吧

孩子越早確立自己的人生目標，就能越早找到他們人生的方向。

目標實現的過程，才是最為激動人心的，孩子的價值感也會由此展現。我們常常懷疑，人生到底有沒有找到幸福的捷徑？答案是有的。

通往幸福的捷徑是，讓孩子做其真正喜歡的事情，做他們認為偉大的事情，做他們所愛的工作。

如果孩子還沒有找到他們喜歡的事情，那麼就幫助、鼓勵他們繼續尋找，不要停止。隨著時間的推移，我們總能找到使孩子感到幸福、並願意為之奮鬥的目標。

▌2. 我們要區分使命感和成功欲望

使命感包含了很多內容：我們能夠創造的價值、我們的目標能夠給他人的生活帶來的轉變、想要世界變得更加美好的意志、想要創造新的事物……

孩子，我希望你能為了使命感，而不是成功的欲望而奮鬥。因為使命感能夠帶給你真正的滿足感，能夠讓你真正看清楚自己的價值。

■ 3. 每個人都是帶著使命來到這個世界的

每個人在這個世界上都有要完成的使命，如果你在離開這個世界之前，能夠完成自己的使命，那這一生你肯定會過得非常圓滿和開心。

所以，在孩子的童年和少年階段，就要幫助他們認真地思考自己的使命。使命帶給孩子的是向前奔跑的動力，是遙望前方的決心。

在幫助孩子尋找激動人心的使命時，父母要問孩子以下問題：

你的使命能夠給什麼樣的人帶來價值和快樂、給世界帶來什麼樣的改變？

你的使命能夠使你快樂嗎？

你的使命的具體目標是什麼？

幫助孩子一步步地靠近他們的使命，達到他們的目標

使命是一生的追求，但是具體的行動要從眼前開始。如果孩子想要成為「治病救人的醫生」，那麼現在就可以開始做他力所能及的事情。

比如，用一年的時間去學習日常的醫學小常識；用 3 個月的時間去學習急救知識；用一個月的時間學習包紮手法……這些有趣的學習不會太難，不僅適應孩子的年齡階段，還能夠幫助孩子一點一點地接近自己的目標。

制定目標時要簡單、明確、符合孩子的能力，既是孩子可以完成的目標，同時目標又要有具體的期限。

在推進目標時，要用數據和進度圖去記錄和規劃孩子的成就，採取視覺化、可衡量的方式幫助孩子達到自己的目標。

每個月、每一週、每一天都要看到具體的成果，每當孩子完成一點成就時，家長都要給予及時的肯定。

孩子，我們希望你養成受益終生的好習慣

　　人是一系列習慣的組合體，有一位教育家說：「養成一個好習慣，就相當於擁有一種陪伴你終生的資產，並且這種資產會不斷地給你利息，它不會流失，讓你終身享受。」

　　孩子的好習慣，其實是給他的終身資產。我們要幫助孩子獲得這種資產，家長必須要有一隻無形的手，放到孩子的心裡，去感受他的感受，並且要持之以恆、剛柔並濟地調整自己的行為。

■ 第一位的好習慣：自己的事情自己做

　　排任孩子的好習慣第一位的就是「自己的事情自己做」。

　　其實「自己的事情自己做」的背後，包含了孩子的很多習慣，涉及孩子成長的方方面面，是孩子形成自理能力的開始，往遠了說，也是孩子學會自立的開始。

　　讓孩子體驗這句話實在太重要了，「自己的事情自己做」也意味著孩子需要在思想上學會負責任，有擔當，有獨立意識。

　　例如，一個孩子一歲多兩歲之前，就可以學著自己拿湯匙吃飯，而不是一直讓大人餵和哄。即使他一開始吃得不順利，家長也應該讓孩子自己來。

　　3歲的孩子可以試著自己穿衣服，4歲的孩子在大人的看護下可以學會自己洗澡，5歲的孩子可以在大人的幫助下自己洗頭，甚至可以簡單地洗一洗自己的襪子、內衣。

　　小孩子的意志力比較薄弱，可能他有時會乖乖地自己的事情自己做，有時卻要求家長幫他做。比如一個孩子學會了自己盛飯，可能他堅持了幾

天之後，又會要求大人給他盛飯。

這時家長可以耐心地跟他溝通。有時孩子在習慣養成的初期會忘記做什麼，這時家長需要包容他，幫助他重新檢視自己的行為。

要讓孩子養成好習慣，家長首先要養成「幫助孩子養成好習慣」的習慣。

這不是一次性的行為，每個孩子的好習慣背後，都包含了家長無數次的努力。

■ 最穩固的習慣是他學習身邊的人的習慣

孩子是最好的學習者，他們會從各個方面去學習和吸收各種知識，其中也包括身邊的人的行為。如果大人有很多好習慣，那麼孩子也很容易養成好習慣。

因為最穩固的好習慣往往不是大人要求孩子養成的，而是孩子透過觀察學習身邊的人的行為，透過模仿和思考形成的習慣。

■ 好習慣養成的兩個訣竅：欣然接受和理所當然

欣然接受，就是孩子發自內心地願意去做，在做這件事的時候沒有痛苦的感覺。所以大人在幫助孩子養成好習慣的時候，一定注意不要引起孩子的負面情緒。

比如說，要幫助孩子養成隨手關門的習慣，首先要和孩子約定：你需要做的是隨手關門，也許有時你會忘記，忘記沒關係，由爸爸媽媽提醒你來完成。

在這樣的約定之後，我們會發現，頭一兩次孩子會記得關門，但是次數多了他會忘記，會出現「偶爾關門、偶爾不關門」的情況。

當孩子忘記關門時，千萬不能對著孩子喊：「××，回來給我關門，

你又忘了嗎？」（可惜的是大多數家長都是這麼做的）。這種喊叫會讓孩子感到惱火，在孩子的腦海中，關門這件事就會和惱火連繫起來，對好習慣的養成毫無益處。

這時家長應該怎麼和孩子溝通呢？

我們來模擬一下對話：

「詹惠元，來一下。」

這個時候孩子會產生好奇心：媽媽有什麼事呢？於是走到媽媽面前。

媽媽放下手裡的事情，眼睛往門上一看，頭也歪向門：「媽媽說了會提醒你的，媽媽說到做到了。」孩子這時往往會感到有點心虛，然後跑過去把門關上了。

這種提醒既能讓孩子把門關上，也不會讓他因此產生負面情緒。

孩子行為的養成，往往需要大人一而再、再而三地去督促，父母千萬不能不耐煩，要想盡辦法督促他，並且不要讓好習慣和負面情緒連繫在一起。

養成好習慣的第二個訣竅就是理所當然：讓孩子自己認為，此時這個行為是應該去做的。

如果孩子不知道做一件事是為什麼，他就不會願意去做。

如果孩子不覺得一件事是有必要的，他就不會記得去做。

這是家長幫助孩子養成習慣之前必須了解的。有的家長覺得養成好習慣很簡單，就是不斷地提醒和叮嚀孩子。

當孩子忘記關門時，有的家長就會大聲說：「隨手關門！」溫柔一點兒的家長就會說：「是誰尾巴那麼長啊？不隨手關門！」

當你這麼說了，孩子肯定會聽話地去關門，但這只是一次性的行為，你會發現下次他還是需要你提醒。

為什麼？因為少了一個「解釋」的動作 ── 我們在使孩子養成好習慣之前，首先要讓他知道為什麼要養成這個習慣。

正如我說過無數次的，要把孩子當作一個獨立的人去看待，要關注和尊重他的內心世界，養成習慣也需要他從內心世界去認可，讓他認為這個習慣是應該養成的。

當孩子忘記關門時，我們可以這樣模擬對話：

「寶貝，我記得媽媽告訴過你一件很重要的事，當你進出門的時候，應該隨手關門，對吧？」

「可是媽媽如果我忘記關門該怎麼辦呢？」

「媽媽會提醒你。」

「可是如果我有急事呢？」

「不管有什麼重要的事，都必須關門，關門並不會花費你很多的時間。」

「屋裡有人我也要隨手關門嗎？」

「是啊。」

「為什麼呢，媽媽？」

「因為如果我們讓門開著，就是對裡面的人不禮貌，會讓他們感到不舒服，明白嗎？」

「明白了。」

「我們不希望讓別人不舒服，所以我們要養成這個習慣，對吧？我們是不讓別人添麻煩的人，是不是？」

「是的，我要隨手關門。不過媽媽，如果我馬上就要出去呢？」

「那也還是要關門，如果是馬上要出去，你隨手輕輕關一下門用不了一秒鐘，OK？」

「那我試一下吧，媽媽，如果我忘記了你要提醒我啊。」

好了，這樣對話下來，孩子就會知道為什麼要隨手關門。但是別著急，知道和做到以及養成習慣之間，還是需要一些時間的。

■ 幫助孩子養成好習慣，就要不放棄每塊陣地

在幫助孩子養成好習慣的過程中，家長常常會有心軟的時候。

比如說，孩子基本上已經能夠自主地隨手關門。但是有一天，孩子出去玩，走出去 10 公尺，忽然想起來還沒關門。

這時他猶豫地回頭，在考慮要不要回去關門。他知道應該回去，但是又迫不及待地想出去玩，這時他就停在了那裡。其實他是在等待。

等待什麼？等待爸爸媽媽提醒他去完成這一行為。

這時也許爸爸媽媽已經發現孩子出去了，還沒走遠，並且沒關門，要不要把孩子叫回來呢？

有的家長就會心軟：算了，不叫他了。這個可愛的小傢伙這段時間已經做得很好了，這次先放過他吧。反正以前已經養成這個習慣了，偶爾疏忽一次在所難免。

這時孩子在外面等了一會兒，沒有等到爸爸媽媽叫他回去。對於孩子來說，這就等於最後的裁決，代表著：你可以不用每次都隨手關門。

這次不叫他改正，其實是爸爸媽媽放棄了自己的陣地。下一次，孩子再想出去玩，他又忘記了，很可能本來已經養成的好習慣，就這麼被毀掉了。

所以說，家長們，幫助孩子養成好習慣，就不要放棄每塊陣地。

■ 讓孩子在大自然中成長

建立孩子和大自然之間的連繫。

在我的教育課程中，我非常重視的一個內容，就是孩子和大自然之間的連繫。孩子自有性靈，只有在大自然中它才能發育和成長。

在和大自然的交流之中，孩子的精神力量會得到成長，他能夠從大自然那裡獲得一種寧靜的力量。

身為家長，與其不斷地和孩子喋喋不休，企圖用我們的言語去鍛鍊孩子的精神力，不如把這項任務交給大自然。

父母能夠充當的，是大自然和孩子之間偶爾的翻譯者。在孩子需要的時候，我們告訴孩子大自然在說什麼，告訴孩子天空為什麼這樣藍，水為什麼這樣綠，告訴孩子大自然的小動物都是如何生存的。

剩餘的時間，讓孩子自己去思考，自己去體悟，讓孩子能夠在大自然之中自由地馳騁。很多時候，家長不需要多言，孩子自己會在泥土和天空之美中，吸取他們能夠獲取的資訊！

一位非常明智的母親說，如果天氣允許，我保證我的孩子每一天都會有適當的戶外活動，冬天，每天在戶外一個小時；夏天，每天在戶外兩個小時。

用《弟子規》幫助孩子養成好習慣

《弟子規》裡的好習慣包括：

1. 珍惜時間的習慣：朝起早，夜眠遲；老易至，惜此時。

【解釋】早上要早起，晚上不要睡太早；因為時間匆匆而去，人生易老，所以要珍惜現在的時光。

2. 衛生習慣：晨必盥，兼漱口；便溺回，輒淨手。

【解釋】早晨起床，務必洗臉、刷牙、漱口；大小便之後，要把手洗乾淨。

3. 儀表習慣：冠必正，紐必結；襪與履，俱緊切。

【解釋】穿衣服要整齊潔淨，衣服的扣子要扣好；襪子和鞋子都要穿好、繫好。

4. 內務習慣：置冠服，有定位；勿亂頓，致汙穢。

【解釋】放置衣服時，衣服應該有它的固定位置，而不是亂放；衣服不能亂放，亂放會使家裡變得髒亂。

5. 勤儉的習慣：衣貴潔，不貴華；上循分，下稱家。

【解釋】穿衣重要的是整潔，而不是華麗昂貴；穿的衣服要符合自己的身分，也要根據家庭情況量力而行。

6. 正確的飲食習慣：對飲食，勿挑選擇；食適可，勿過則。

【解釋】對待事物，不要挑食；吃的東西要適量，過分奢侈和過多都是不好的。

7. 不喝酒的習慣：年方少，勿飲酒；飲酒醉，最為醜。

【解釋】小的時候不要喝酒；喝醉了的醜態是很難看的。

8. 站和坐的習慣：勿踐閾，勿破倚；勿箕踞，勿搖髀。

【解釋】不能踩在門檻上，站立不能歪斜；坐下時不可以伸出兩腿，也不能抖腿。

9. 進出的習慣：緩揭簾，勿有聲；寬轉彎，勿觸稜。

【解釋】進出房間時，無論是掀簾子還是開關門，動作都要輕柔不能發出聲音；走路轉彎，要繞大圈一點，這樣就不會撞到物品的稜角了。

10. 拿東西和獨處的習慣：執虛器，如執盈；入虛室，如有人。

【解釋】拿空器具的時候，要像拿著裝滿了物品的器具一樣端正小心；進入沒有人的屋子，要像屋子裡有人那樣，不能過於隨便。

11. 冷靜沉著的習慣：事勿忙，忙多錯；勿畏難，勿輕略。

　　【解釋】做事的時候，即使再緊急，也不要慌慌張張，忙往往會導致錯誤；不要畏懼困難，也不要輕率做事。

12. 自制的習慣：鬥鬧場，絕勿近；邪僻事，絕勿問。

　　【解釋】打鬥、賭博、色情、遊戲廳等喧鬧不良的場所，絕對不去；對於邪僻怪事，也不會因為好奇而多問。

13. 禮貌進出的習慣：將入門，問孰存；將上堂，聲必揚。

　　【解釋】將要進門，要先問：「有人在嗎？」進入一個場所之前，要先提高聲音，讓裡面的人知道有人來了。

14. 回答問話的習慣：人問誰，對以名；吾與我，不分明。

　　【解釋】如果別人問：「是誰呀？」應該回答自己的名字；如果回答「是我」，別人其實是無法分辨是誰的。

15. 徵得別人同意再取物的習慣：用人物，須明求；倘不問，即為偷。

　　【解釋】想用別人的物品，要先明明白白向別人徵得同意；不問自取，就是偷竊行為。

16. 有借有還的習慣：借人物，及時還；後有急，借不難。

　　【解釋】借了別人的物品，要及時歸還；以後如果再有急用，別人才會借給你。

孩子，我們理智地談談性

性的意義非常廣泛。提起性，人們通常會聯想到性行為、性格、性別等，除了這些之外，它還存在於每個人的日常舉止之中，如穿衣打扮，遇事待人……一個人從出生一直到死亡，整個過程都有「性」貫穿其中。

■ 第一階段：18 個月～3 歲

目標 1：認識性器官

孩子在 18 個月～3 歲這段時間，會逐漸認識到自己身體上的各個器官的名字以及簡單的功能，性器官也在此列。孩子對於性器官的稱呼通常充滿孩子特色的語言，而不是器官本身正確的名稱。產生這種情況的原因是因為很多父母在孩子面前會使用這些名稱（比如「小雞雞」）。

父母通常會如何教自己的孩子認識身體器官呢？「眼睛在哪裡？摸摸看。嘴巴在哪裡？指一下。腳在哪裡？伸出來讓我看看。」相信類似這種遊戲的方法很多父母都使用過。但我們仔細回顧一下就會發現一個問題，通常父母們都會漏掉一個器官，那就是性器官。這種選擇性的無視會讓孩子產生什麼樣的看法呢？性器官不是好器官，它和其他器官不一樣，不是正規器官。

這種情況還不是最糟的。成年人一般從不在孩子面前提及性器官，但是當因為某種原因成年人對孩子提及性器官時，語氣通常會變得和平時不一樣，這種語氣上的變化也會讓孩子產生錯誤的理解─性器官確實和其他器官不一樣，我們不應該提起它。

　　雖然我們並不是刻意這麼做的，但是我們對性器官的這種態度確實會讓孩子對其產生錯誤的看法。

　　所以，我們應該正視性器官，它只是人的身體的一部分，應該使用正確的詞語去稱呼它，避免讓孩子對這個器官有所誤解。我們最終的目的就是要讓孩子正確看待有關性方面的問題，避免將其妖魔化。

　　向孩子教授性器官的正確名稱還有另一個原因：根據研究，如果一個孩子知道性器官的正確叫法，那麼當他碰到了性侵犯，他就很可能會告訴大人這件事；而如果孩子並不知道性器官的正確名稱，那麼碰到性侵犯之後告訴其他人的可能性就較低。而在關於性侵犯犯罪的調查過程中，孩子使用正確名稱向警察講述事件過程有助於案件的調查偵破。如果孩子受到了性侵犯，卻不能夠使用正確詞語向其他人表述這件事情，那麼他就不能夠正確看待這件事情，也難以走出受傷的陰影。

目標 2：認識性別

　　這個時期的孩子已經知道了性別的區分，並且知道自己屬於哪個性別，但對於自己今後是否一直都是這個性別並不明瞭。孩子在這個階段會經常問一些在成人看起來十分奇怪的問題，比如：「×× 為什麼沒有小雞雞呢？」

　　孩子對於不同的排尿姿勢也十分好奇，女孩子有可能會想試試站著尿尿。

　　有一部分女孩子會認為自己和男孩子相比缺少某樣東西。這時要讓女孩子明白，她們並不是缺少某樣東西，只是因為性別不同而產生的差異，她一樣有自己的性器官。

目標3：認識性別角色

在孩子長到3歲之後，會開始有意識地注意周圍人的性別，區分不同性別的人，並且根據自己的性別約束自己的行為。如果我們想讓自己的孩子今後持兩性平等的觀念，那麼這時我們就應該讓自己的言行符合這一點。

目標4：學會保護自己的身體

當年齡到3歲時，孩子就應該明白自己的身體不應該讓其他人隨意接觸，自己有權利拒絕他人想要觸碰自己身體的要求。

■ 第二階段：3～5歲的性成長

目標1：使孩子了解自己的來源

當孩子到3～5歲之間時，他們對自己身體的認知會逐漸提高，控制自己身體的能力也得到增強。他們對周圍的事物充滿了好奇，其中也包括自己和其他人的身體。大多數孩子這時候喜歡和父母一起睡，愛看成年人穿衣打扮，也對自己的性器官充滿了好奇。

孩子的這些行為都是符合其年齡特徵的。但這並不意味著家長可以對孩子的這些行為放任不管。家長應該告訴孩子什麼叫隱私，什麼是不文明的舉止。

「我是從哪裡來的？」這個問題絕大多數家長都被孩子問過。

孩子既然已經對自己的來源充滿好奇，那麼父母就應該正確誠實地回答這個問題，答案要簡明扼要，使用正確的敘述詞語。在回答之前先要了解孩子對這方面的內容知道了多少，然後給他們一個精簡正確的答案。比如：「你是爸爸媽媽生出來的。」

如果孩子想進一步了解更多，父母可以進一步進行解釋。很多父母認

為孩子的這個問題很難回答，所以就隨意編一個答案，但事實上這個答案對孩子來說是非常重要的。有相當比例的孩子得到的答案是撿回來的，以至於這些孩子在童年時期一直認為自己是被親生父母扔掉的，這將對孩子的心理產生巨大的影響。如果你曾經對孩子這麼說過，那麼也不要緊，現在向孩子承認自己當時的錯誤，然後將事實告訴他們就可以了。

除了關於「孩子從哪裡來」這樣的問題，其他關於懷孕、生產的問題也可以這樣回答。

在這裡需要再強調一遍，對於孩子的這些問題，家長要簡明扼要地進行回答。孩子對於事情的理解是非常簡單的，如果對孩子的回答使用比喻的修辭，很可能就會誤導孩子。很多孩子童年時以為自己媽媽的肚子裡有一棵樹，因為有人對他們說，媽媽肚子裡有一個爸爸放進去的樹種子在生長，最後就生出了孩子。

■ 第三階段：6～9歲的性成長

目標：了解性是怎麼回事

在這個年齡階段的孩子，其智力增長非常快，開始對性行為、懷孕、生育等事情有了真正的理解。

孩子們在這個年齡段首先會開始關注自己的身體是否正常。之後就開始關注那些和大部分人不太一樣的人，比如身體有殘疾的人、雙胞胎或長相奇特的人。對於性別的區分在這個階段他們會更加注意。

孩子在這個時候對於性別是平等看待的。

這個年齡段的孩子很容易受到周圍同儕的影響，比如同儕們的穿著、說話的方式。這個年齡的男孩子對於自己的穿著是否符合自己的性別特徵要比女孩更為重視。

■ 第四階段：9 ～ 14 歲的性成長

目標 1：了解他們的發育狀況

　　孩子在青春期總會受到身體發育問題的困擾，如果周圍所有人都同一時間進入青春期，那麼肯定會減少很多困擾。處於這一階段的孩子碰到的第一件令其倍感困擾的事情就是同齡人的身體發育區別。青春期的孩子身體發育迅速，但進入的時間每個個體不盡相同，所以就會造成這種身體差異。這種與眾不同會讓一些孩子產生「我是不是有什麼問題？」的困擾。如果你是全班第一個胸部快速發育的女生，你可能會感到很尷尬。相反，如果你是全班最後一個發育的，這種感覺也不會很好受。而身為一個男孩子，比周圍同齡人過早地長鬍鬚，也會讓人苦惱不已。青春期還會碰到長青春痘、身上體味較重等問題，家長了解了這些，就能夠理解孩子在青春期時感覺非常難熬的原因了。

目標 2：緩解他們的緊張和憂慮

　　自我敏感、以自我為中心是青春期孩子的特徵。他們對於處於不斷變化的身體、心理正在努力去適應，對於情緒上的變化他們在努力控制，對於自己在這個社會中的定位他們也在努力尋找。

　　青春期的孩子自尊心非常強烈，同時又非常脆弱，他們努力向周圍的人證明自己的價值，這種願意努力去證明自己的想法是好的，可惜大多數時候他們都選錯了方法。比如他們想透過尋找男女朋友來證明自己，而一旦在尋找男女朋友的過程中遭到拒絕，就會對他們的自尊心造成巨大打擊。

　　有的孩子害怕周圍陌生的環境和人群，為了保護自己選擇了社交退縮，但絕大多數孩子都希望自己能夠快速融入周圍群體。孩子們非常害怕

成為「異類」而被孤立，所以很容易受到周圍人群的教唆。因此，父母要讓孩子學會自己去思考問題，而不是一味地聽從他人。

成年人都知道青春期只是人成長過程中的某一段時間，但身處青春期的孩子可能不會這麼認為。他們可能會對自己的身體發育感到無所適從，又擔心自己的這些變化會不利於自己的未來。我們可以試著想像一下，當一個男孩子發現自己的胸部居然有發育的跡象，這必然會引起他的擔心。實際上，超過一半處於青春期的男孩子都會有胸部發育的現象，不用緊張，這是正常的，通常這種發育在一年後就會停下來。但如果沒有人告訴他這種發育是正常的，那他很可能就會因為這個原因而產生心理疾病。

所以，父母應該讓孩子在進入青春期之前明白同齡人個體間有所差異是正常的，而且青春期是有時間限制的，並不會一直持續下去，對於青春期中遇到的問題和不解隨著時間都會消除，沒有必要被這些問題所困擾。

大部分孩子在青春期時都會對自己的身體發育感到不滿，比如男孩子會擔心自己的生殖器發育不正常，而女孩子會擔心自己的胸部發育太快。

讓孩子明白同齡人之間有所區別是很正常的，這點非常重要。沒有兩個人是完全一樣的，即使是雙胞胎也不可能完全一樣。

青春期的孩子需要知道每個人的身體都有自己的基本體型，雖然透過控制飲食或者運動等方法能改變基本體型，但是想要達到心理上的完美體型是非常困難的，所以，我們沒有必要要求自己必須成為某種體型。

在青春期的幾年時間中，一些童年時期建立起來的友誼會發生變化，也許曾經舊日的朋友會突然拒絕和你在一起。孩子在此時選擇自己的夥伴通常以發育程度和身材作為標準。對男孩子來說，這樣的選擇方式非常殘酷，因為通常女孩子進入青春期要早於男孩子。假如一個男孩在童年時期和一個女孩是好朋友，在女孩進入青春期後，其生理和心理都會產生變

化，對於曾經的好朋友的態度也會發生變化，也許就不願意和這個還是小孩子的男孩做朋友了。女孩有自己選擇朋友的權利，我們沒有權利干涉，但是我們可以教女孩使用較好的方式結束這段友誼。

一些發育較為成熟的女孩此時可能會對和異性約會產生興趣。因為男孩子的青春期晚於女孩子，所以她們通常喜歡選擇年齡較大的男孩子。因此，孩子們需要對約會相關的事情進行學習和了解，明白約會究竟是為什麼，有什麼事情是需要注意的。

當男孩子到了青春期也會對和異性約會產生興趣，但他們不會直接表現出自己的想法。男孩子會透過一些很奇怪的方式去吸引女孩子的注意力，比如和女孩子打鬧或者爭吵。

這個年齡段的孩子相較父母的意見，他們更願意聽取周圍朋友們的建議，以此來獲得自己認為的獨立性和認同感。

對於孩子在青春期更願意和周圍同儕在一起的行為，身為家長不應該反對，但是我們必須要告訴孩子應該學會獨立思考問題，不要盲從他人的意見。

目標 3：了解他們的生理慾望

自慰行為在這個年齡段非常普遍，有的孩子會被自慰之後的內疚感所困擾。

實際上自慰是人類一種正常的行為，沒有必要妖魔化這種行為。很多父母視這種行為如洪水猛獸，但發現孩子的這種行為後又不知如何同孩子進行溝通。父母其實可以讓孩子明白，自慰是正常的行為，不自慰同樣也是正常的，沒有必要因為這個太過煩惱。

進入青春期的孩子會對自己身體發生的變化感到好奇。一些同性孩子

會在遊戲時有相互觸控對方性器官的行為，這只是孩子的好奇心使然，沒有必要太過擔心，而且這種行為能夠讓孩子發現自己同周圍人是一樣的。

對於性取向這個問題，青春期的孩子也會很好奇。此時他們可能已經聽到很多關於性取向的錯誤資訊了。根據性取向不同可以將人們分為異性戀、同性戀和雙性戀 3 種，這 3 種只是受到吸引的對象性別有所不同，並不意味著與大多數人不一樣就是變態或者心理有疾病。

■ 第五階段：14 ～ 18 歲的性成長

目標 1：讓他們知道自己是被父母接受的

青春期的孩子與父母的關係糟糕已經成為一種常見的現象。造成衝突的原因一方面是父母的占有欲以及對孩子的各種要求，另一方面是孩子努力想擺脫父母的束縛。在青春期孩子的眼裡，成年人往往是他們所羨慕和崇拜的對象。這時我們要讓孩子明白，父母對於他們的一些行為可能會不接受，但是不接受的只是他們的行為，並不是他們本身。

女孩子在這個時期對於女性氣質非常感興趣，男孩子則開始模仿他們所崇拜的人。此時孩子們都在逐漸接受成年人的模式。在進入成年人模式之前，他們應該明白，不同性別生理上的差異同社會上對於不同性別的成見是完全不一樣的，性別不能決定一個人在社會中應該擔當什麼樣的角色，對於性別差異抱有成見的看法對於男性和女性都是有害而無益的。

目標 2：教會孩子如何不傷害別人又不傷害自己

青春期的孩子對於異性之間的親密行為會產生強烈的興趣。

家長應該告訴自己處於青春期的子女，他們所參與的所有的關於性的行為，都會帶來嚴重的後果，這些後果往往是他們所不能夠承受的。所

以他們首先要學會如何和異性相處，如何能夠既不傷害對方，也不傷害自己。

　　在青春期，孩子可能會反覆地被性衝動或者對他人的好感所困惑。身為家長可以告訴孩子，產生性衝動和性幻想都是很正常的事。我們可能沒辦法控制自己的感受和情感，但我們能夠控制自己的行為。

49.
最後一課：認真面對自己的生命

首先看一則新聞：

自殺已成青少年頭號死因

青少年厭世輕生事件頻發

青少年厭世、自殺的報導時常見諸報端，讓人怵目驚心。最近發生的事例也並不少見：

西元 2014 年 12 月，18 歲女孩疑在街頭遭遇詐騙後留下遺書離家出走，後自殺身亡。

西元 2014 年 12 月 20 日下午，一位 20 多歲的女子從人行天橋跳下，墜落到馬路上，當場身亡。

西元 2014 年 12 月 24 日晚，某大學才子在網上留詩一首：「平生終負氣，一死謝仇讎。憐我生父母，白髮送黑頭……」後在校外自殺身亡。

「在我接觸到的青少年患者中，大多因為課業壓力大、求職受挫、情感問題和父母溝通不當等原因造成心理問題。」某心理衛生協會祕書長兼副會長說道。

這位心理衛生協會祕書長兼副會長所接觸的產生輕生情緒的患者中最小的只有 11 歲，是一名五年級的學生，其媽媽對他的要求非常嚴厲，不讓他玩耍，不給他任何娛樂時間，該學生不堪重負欲採取跳樓行為，所幸被家長攔下。

也有許多年輕人，因為求職屢屢受挫，覺得生命已經失去意義。西元 2015 年年初，有一位女性患者，她在醫療公司裡上班，與部門同事的人際關係不太融洽。部門主管找她談話後，她便產生了厭世情緒。

■ 自殺已成青少年頭號死因

「在工作過程中，遇到了許多青少年產生了不同程度的心理疾病，其中一半採取過輕生等極端行為，一半在採取輕生行為前受到了家長的關注。即使是這些受到家長關注因而沒有產生極端後果的孩子，也不同程度地患上了心理疾病，需要心理干預專家進行心理疏導。」心理衛生協會祕書長兼副會長介紹道。

統計數據顯示，18 ～ 34 歲人群死亡案例中，自殺是其中最大的死因，超過了車禍、疾病等。自殺人數是他殺人數的 7 倍以上。即使算上成年人，在所有死亡人群中，自殺也是第五大死因。

許多自殺者並沒有精神疾病，其自殺是在遇到強烈的人際關係衝突之後迅速出現的衝動行為。60％的自殺死亡者患有精神疾病，而在國際上這一數字超過 90％。相當多的自殺者是在清醒狀態下做出的決定。

■ 為什麼會有那麼多孩子輕視自己的生命？

每一年都會有孩子自殘、自虐、自殺的新聞，有些孩子會選擇割腕，更多的孩子選擇跳樓，每年青少年、兒童跳樓自殺的新聞無一不怵目驚心，這一切都是因為什麼？

當年幼的孩子站在高高的樓頂上，俯視腳下小小的建築物、車流和人群時，他們在想什麼呢？當高樓頂上的風拂過他們年輕的面龐時，他們在想什麼呢？當他們最終選擇離開世界，雙腳離開樓頂的時候，他們在想什麼呢？

我曾經研究過很多心理學的文獻，從這些文獻中，我得出一個非常驚人的結論：任何人（兒童、成年人）的自殺，本質上只有一個原因，那就是對父母的拒絕！

孩子的自殺，是對父母的教育最徹底的拒絕和反抗！

　　成年人的自殺，同樣是對兒童時期所受的父母的教育最徹底的拒絕和反抗！

　　有一則新聞這樣報導孩子們的自殺：

　　五年級小學生從 4 樓毫不猶豫地飛躍而下

　　發布時間：西元 2015 年 4 月 17 日

　　男孩飛奔出去就直接跳下了樓，沒有絲毫的猶豫！

　　上週四，某所小學內一個在上五年級的小朋友突然從 4 樓飛躍而下，摔成重傷，直到現在還在醫院搶救！

　　說起孩子從 4 樓毫不猶豫地飛躍下來的原因，不禁讓人一陣唏噓。

　　到底是什麼原因，讓男孩如此決絕地跳樓？

　　記者了解到，上週四，這所小學安排學生出去春遊，老師對學生們進行了分組，這名小朋友是班裡的班長，還是資優生，老師把他跟成績較差的幾個學生分在了一起，其中有一個同學他很不喜歡，於是與老師發生了爭執。老師跟他說，作為班級幹部要以身作則，要當別人的榜樣。結果，孩子直接衝出了教室，爬上了走廊的欄牆，翻身跳下了 4 樓。

　　摔下樓後，孩子被火速送到了醫院進行搶救！直到記者昨晚撥通了孩子家長的電話，家長表示，孩子的大腦已經出現了四分之一的腦中風，目前還在搶救當中，只能期待奇蹟的降臨。

　　這兩個月，有多少孩子，把家人留在了那縱身一躍中？

　　我們萬萬沒想到，這些孩子竟會採取這樣的方式與世界告別。

■ 孩子們為什麼會自殺？

　　沒有一個成年人像孩子那樣熱愛生命，當孩子們選擇放棄生命時，往往只有一個直接原因：他們真的覺得無路可走了。

　　如果有不自殺就能解決問題的辦法，孩子們一定不會去自殺。

孩子自殺的原因1：得不到父母無條件的信任

有一則新聞，是一個孩子被冤枉偷錢，孩子拿不出錢，又「怕回家挨打」，所以只能選擇跳樓。

看到這則新聞，我想到的不是學校和老師對孩子的逼迫，而是孩子為什麼「怕回家挨打？」

為什麼孩子不找父母為自己主持公道？

從這則新聞裡，我們就能得出結論：孩子的父母，並沒有給予孩子百分百的信任。當孩子被冤枉時，他想到的也不是讓父母替自己承擔，而是父母也不會相信自己，會打自己。

在走投無路下，孩子選擇了跳樓。

如果這個世界上，連父母也不能無條件地信任孩子，那當孩子遇到問題、被人冤枉、產生誤會時，孩子一定會覺得孤立無援，甚至父母也是站在他的對立面的。

孩子自殺的原因2：得不到父母無條件的支持

在大人看起來很小的事情，對孩子來說有可能是天大的事情。因為在孩子眼裡，這確實是無法解決的事情，同時帶給他很大的痛苦。

孩子在自殺的時候，一定想到過要找父母解決，但是他沒有這樣做。

父母應該給孩子這樣一種安全感：任何時候，爸爸媽媽都會支持你。解決不了的問題，告訴爸爸媽媽，爸爸媽媽和你一起解決。爸爸媽媽永遠是你堅強的後盾。

你是否這麼和孩子說過？你是否給了孩子這樣的安全感，並獲取了孩子對你的信任？

只有這樣，孩子在遇到困難的時候，才不會動不動就想要結束生命。

有的爸爸媽媽會說，我們早就和孩子這樣說過了，沒問題。

只是在口頭上說說並不難，但是家長又是如何做的呢？

當孩子回到家，表示自己受了欺負，家長是否有耐心地進行過詢問、調查？幫助孩子解決完問題之後，是否再次詢問過孩子的現狀？

有的孩子因為得不到父母無條件的支持，加之把自己的煩惱和父母說完之後，父母並不當回事，甚至覺得孩子「不懂事」。孩子得不到理解，就會覺得沒有人支持自己，自己是孤立無援的。

一個絕望的孩子，可能會做出很多事情，這些事情都是家長不想看到的。

「挫折教育」曾經紅極一時，總體來說，是讓孩子在挫折中成長。

孩子真的能在挫折中成長嗎？難說。

所有選擇自殺的人，哪個不是受到挫折才自殺的呢？

越挫越勇，只是父母們的美好期望，終究不是現實。如果希望孩子尊重生命、熱愛生命，就要從面對生命本身開始。

孩子自殺的原因 3：沒有學會「自我療傷」

人類也許是世界上所有生物中，內心最為脆弱的生物。一隻貓、一隻狗、一隻大象，不需要理由就能活下去。在動物世界裡，動物遭受了多麼殘酷的事情，也鮮少會選擇自殺。生命的挫折乃是常態，在面臨生命的痛苦這件事上，人類比任何生物都要脆弱。

所以在童年時期，就對孩子進行「自我療傷」的教育是很重要的。

有本書叫做《少有人走的路》（The Road Less Traveled），書裡提到：人生本來就是非常辛苦的。人生的痛苦乃是人生的常態。

一個合格的父母應該告訴孩子：痛苦和快樂一樣，都是人生中必不可

少的部分。我們要學會面對痛苦，接受痛苦，和人生的痛苦、挫折和平相處。

和痛苦相處，但是不要讓痛苦打敗自己的意志。教會孩子接受痛苦，這就是自我療傷的開始。

■ 如何避免孩子自殺、自殘或犯罪？

我對青少年自殺的新聞非常關注，我發現幾乎所有的父母，在發現自己的孩子自殺後，都會表示：沒有想到孩子會自殺、非常後悔以前沒有好好傾聽或關注他、平時不知道孩子在想什麼。

在一個孩子選擇自殺前，也許他已經向父母求助過很多次，但是都被父母忽視了。最後出於絕望，孩子選擇了死亡。

所以任何時候，身為家長，都不要忽視孩子的內心，不要覺得孩子不開心就是性格內向所致，不要忽視孩子對你訴說的煩惱。

愛是傾聽、理解、包容。身為家長，要真正發自內心地去理解孩子，理解孩子的苦衷，包容他們的年輕和幼稚，去傾聽他們的心事。

家長應告訴孩子：任何時候爸爸媽媽都會支持你，當有解決不了的事情的時候，先回到爸爸媽媽這裡，爸爸媽媽和你一起解決。

一個充分感受到被愛、被支持的孩子是不會自殘和自殺的，他們也不會去傷害別人。

■ 孩子，讓我們一起學會認真地面對自己的生命

我在很小的時候，在路邊買過一隻很小的小雞，那小雞顏色嫩黃，嘰嘰喳喳，走起路來搖搖晃晃。

我媽媽把小雞給我買回家，和我一起照顧。幾天後的早晨，我起床後去看小雞，結果發現小雞的身體已經僵了。

　　我嚎啕大哭，怎麼也不肯吃飯。我媽媽看我不停地哭，她對我說：「很傷心是吧。小雞已經死了。我知道你一定很傷心。但這是一件沒辦法改變的事情，媽媽也很想替你把小雞找回來，但是小雞已經去了另外一個世界。小雞會出生，會長大，也會死亡，這是自然的規律，也是沒有辦法改變的事情。我們一起把它埋了，給小雞做個墳，祝福它在另外一個世界快樂，好不好？」

　　這是我第一次知道「死亡」。

　　我很感謝我的媽媽，沒有告訴我「小雞去了天堂」，而是告訴我小雞「死亡」了，因為早晚有一天，我會知道「死亡」這件事。

　　了解生命會出生，也會死亡，是每個孩子都應該受到的生命教育。

　　想像下，如果生命無窮盡的漫長，如果每個人和每個人都可以天長地久地相處，那麼世界會是什麼樣子？

　　我想，那時候親情會不再重要。因為你會有自己的爸爸媽媽、爺爺奶奶、曾祖父曾祖母、曾曾祖父曾曾祖母……一大堆人。

　　同時，孩子也會有自己的兒子女兒、孫子孫女、曾孫子曾孫女……

　　那是什麼情景？每個人都有幾百個、成千上萬個直系親屬，而且大家一起生活了幾千上萬年，那麼親情還寶貴嗎？

　　如果沒有死亡，那麼愛情也會不再重要。生命無窮盡的漫長，多麼美好的感情也會因為太漫長而慢慢消失，因為相處太久誰也受不了誰，結果大家都不斷地換男女朋友，省得看得久了厭煩。

　　那時事業也不再重要了。因為每個人都有無窮盡的時間，什麼時候做都是一樣的，每個人都有無窮盡的事情，誰還會在乎自己能不能做出一番事業？反正都是活著……

　　孩子，想像一下那樣的世界，真的美好嗎？

　　所以死亡，是讓生命變得美好、變得有意義必不可少的一環。

　　死亡只是一種假象，當生命消逝，我們會變成另外一種物質，成為廣袤宇宙中的一粒微塵，等待我們的是再次輪迴和循環。

　　對宇宙中的每個生命來說，生命都是一個寶貴的機會，我們獲得了生命，是上天最珍貴的恩賜。所以，孩子，在死亡來臨之前，我們要認真地面對自己的生命，不讓它虛度；我們要盡可能地體驗更多的情感，享受更多的快樂，創造更多的價值。

當「懂愛」的父母，告訴孩子如何獨立成長：

理性對話 × 言傳身教 × 培養教育，探索現代育兒的情感和挑戰，重新定義親子關係中的理解與期望！

作　　者：詹惠元，葛房芳

發 行 人：黃振庭

出 版 者：崧燁文化事業有限公司

發 行 者：崧燁文化事業有限公司

E-mail：sonbookservice@gmail.com

粉 絲 頁：https://www.facebook.com/sonbookss/

網　　址：https://sonbook.net/

地　　址：台北市中正區重慶南路一段六十一號八樓 815
室

Rm. 815, 8F., No.61, Sec. 1, Chongqing S. Rd., Zhongzheng
Dist., Taipei City 100, Taiwan

電　　話：(02)2370-3310

傳　　真：(02)2388-1990

印　　刷：京峯數位服務有限公司

律師顧問：廣華律師事務所 張珮琦律師

定　　價：375 元

發行日期：2024 年 02 月第一版

◎本書以 POD 印製
Design Assets from Freepik.com

國家圖書館出版品預行編目資料

當「懂愛」的父母，告訴孩子如何
獨立成長：理性對話 × 言傳身教
× 培養教育，探索現代育兒的情感
和挑戰，重新定義親子關係中的理
解與期望！/ 詹惠元，葛房芳 著 .
-- 第一版 . -- 臺北市：崧燁文化事
業有限公司 , 2024.02
面；　公分
POD 版
ISBN 978-626-357-974-3(平裝)
1.CST: 家庭教育 2.CST: 子女教育
528.2　　113000191

電子書購買

臉書

爽讀 APP